서경남 지음

다락원

지은이 서경남
그린이 서경남
펴낸이 정규도
펴낸곳 (주)다락원

초판 1쇄 발행 2024년 11월 27일
2쇄 발행 2025년 1월 17일

편집 조선영
디자인 싱아

다락원 경기도 파주시 문발로 211
내용문의 (02) 736-2031 내선 276
구입문의 (02) 736-2031 내선 250~252
Fax (02) 732-2037

출판등록 1977년 9월 16일 제406-2008-000007호

ISBN 978-89-277-4805-2 (13630)

PROLOGUE

작가의 말

안녕하세요. 종이놀이 콘텐츠 크리에이터 뜯뜯토이입니다.

뜯뜯토이의 놀이책 시리즈 1탄《뜯뜯토이의 몰랑몰랑 스퀴시북》과 2탄《뜯뜯토이의 키득키득 종이놀이북》을 많이 사랑해 주신 덕분에 세 번째 책,《뜯뜯토이의 두근두근 직업놀이북》으로 인사드리게 되었습니다.

작년에 이어 올해도 도안집으로 여러분을 찾아뵐 수 있어 너무 행복해요. 아이들이 만들기를 더 재밌게 했으면 좋겠다는 작은 바람으로 시작한 일이었는데, 제 마음이 잘 전달된 것 같아 기쁩니다. 이 자리를 빌려 많은 분께 정말 감사하다는 말씀 전하고 싶어요.

이번《뜯뜯토이의 두근두근 직업놀이북》은 오직 책에서만 만날 수 있는 리뉴얼 도안 3종과 미공개 도안 7종을 모아놓은 도안집이에요. 직업 역할놀이가 가능한 종이놀이북이랑 스퀴시북을 골고루 담았답니다.

이제 책을 펼쳐서 마음에 드는 도안을 하나 골라 보세요. 그 도안을 코팅하고, 오리고, 만들면 나만의 멋진 직업놀이북을 만들 수 있어요. 참! 만들기를 할 때는 책 속의 QR 코드도 찍어 보세요. 자세한 만들기 방법과 함께 뜯뜯토이 캐릭터들의 엉뚱하고 기발한 상황극을 볼 수 있거든요.

놀이책을 다 만들었다면 여러분만의 재미난 이야기로 도안 속 직업을 체험해 보세요. '나중에 이런 직업을 가지면 어떨까?' 두근두근 설레는 마음으로 미래를 상상하며 역할놀이를 하다 보면 자연스레 창의력과 사회성이 쑥쑥 자랄 거예요.

그럼 지금부터 귀염둥이 뜯뜯 친구들과 함께 재미있는 만들기를 시작해 볼까요?

크리에이터_ 뜯뜯토이 서경남

모든 도안은 책에 맞춰 재작업했기 때문에
만들기 사진, 영상 속 도안과 일부 다를 수 있습니다.

차례

POLICE

FIRE STATION
119

수의사

재료 준비하기

직업놀이북을 만들기 전에 필요한 재료들을 살펴보아요. 어떤 재료가 필요하고, 또 그 재료들을 언제 사용해야 하는지 미리 확인하면 만들기가 좀 더 쉬워질 거예요.

도안 코팅하기

손코팅지

코팅 기계가 없어도 손코팅지만 있으면 손쉽게 코팅할 수 있어요. 코팅지 뒷면의 비닐을 떼어 낸 다음, 접착 면을 도안 위에 겹쳐 붙이면 돼요.

+Tip 비닐을 떼고 붙일 때, 정전기로 인해 코팅지가 종이에 척 달라붙어요. 그러면 원래 붙이려던 곳과 다른 곳에 붙을 수도 있답니다. 비닐을 조금만 벗기고 도안 위에 위치를 맞춘 다음, 나머지 비닐을 떼어 주면 실수하지 않고 붙일 수 있어요.

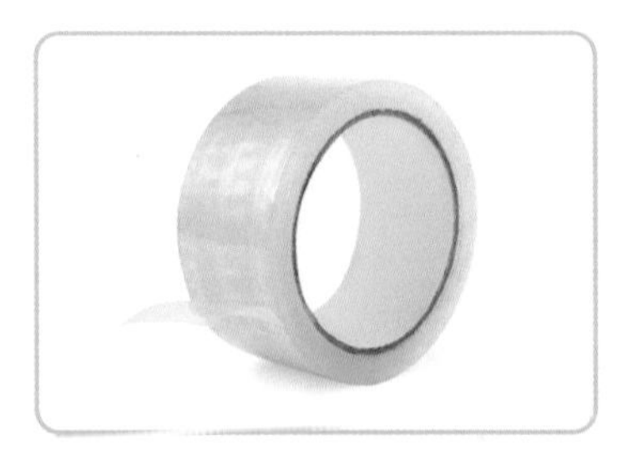

투명 박스테이프

일상생활에서 흔하게 쓰는 투명 박스테이프로도 코팅할 수 있어요. 특히 접어야 하는 도안이나 작은 소품 도안들은 투명 박스테이프로 코팅하면 좋아요. 코팅지보다 얇아서 놀이할 때 소품을 붙였다, 떼었다 하기 편해요.

도안 오리기

가위

대부분의 도안을 오릴 때 사용하는 도구예요. 손에 딱 맞고 잡기 편한 가위를 준비하면 도안 오리기가 편할 거예요.

칼, 커팅 매트

칼은 주로 도안에 칼집을 내거나 구멍을 뚫어야 할 때 사용해요. 이때 책상에 커팅 매트를 깔면 도안이 움직이지 않고 책상에 흠집이 남지 않아요.

+Tip 칼은 위험하니까 꼭 주의해서 사용하거나 어른의 도움을 받아요.

도안 붙이기

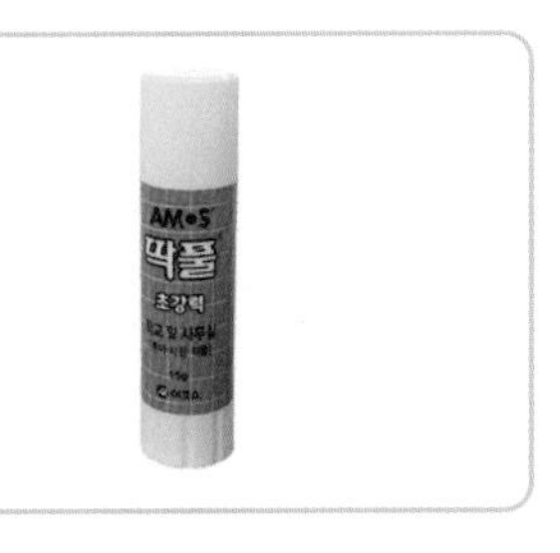

풀

주로 코팅하지 않은 종이끼리 붙일 때 사용해요.

+Tip 물풀을 사용하면 종이가 울퉁불퉁해져서 딱풀을 추천해요.

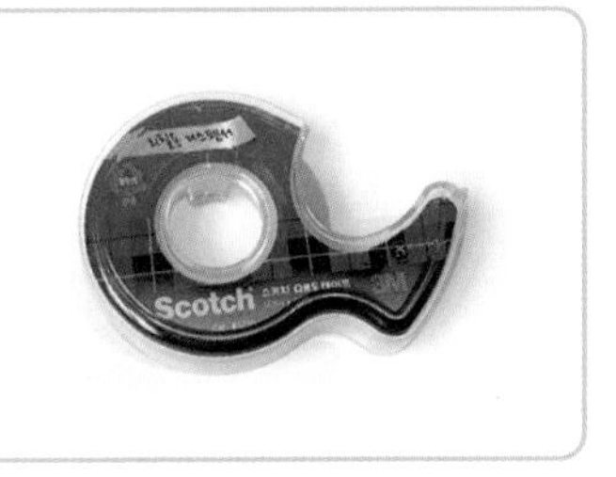

투명테이프

우리가 일상생활에서 흔하게 쓰는 투명테이프예요. 책 도안끼리 연결하거나 책 도안에 소품 도안을 겹쳐 붙일 때, 또는 소품을 만들 때 사용해요.

+Tip 투명테이프 전용 디스펜서를 이용하면 투명테이프를 원하는 길이만큼 쉽게 자를 수 있어서 편해요.

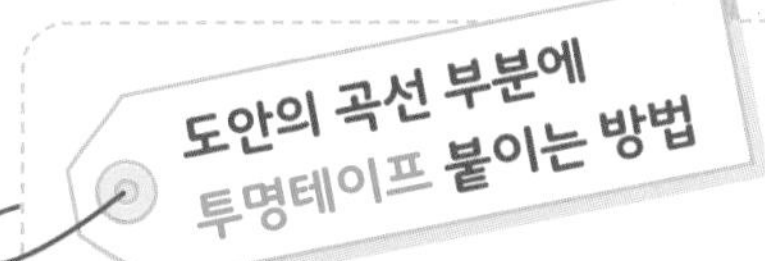

도안의 곡선 부분에 투명테이프 붙이는 방법

곡선 부분에서는 투명테이프가 깔끔하게 접히지 않아요. 이때 투명테이프에 가위집을 낸 후 하나씩 붙이면 곡선 모양에 딱 맞게 붙일 수 있어요.

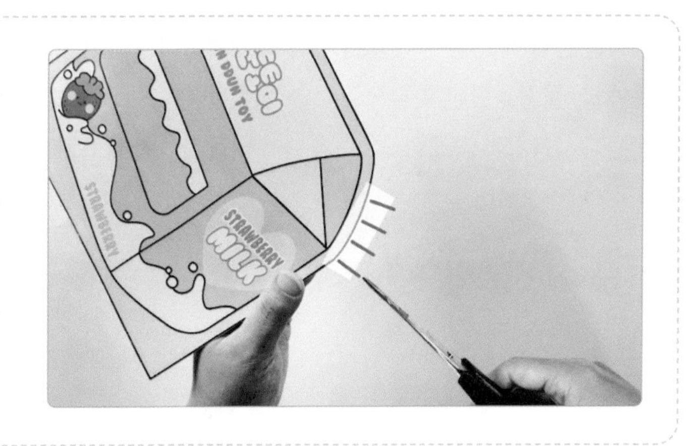

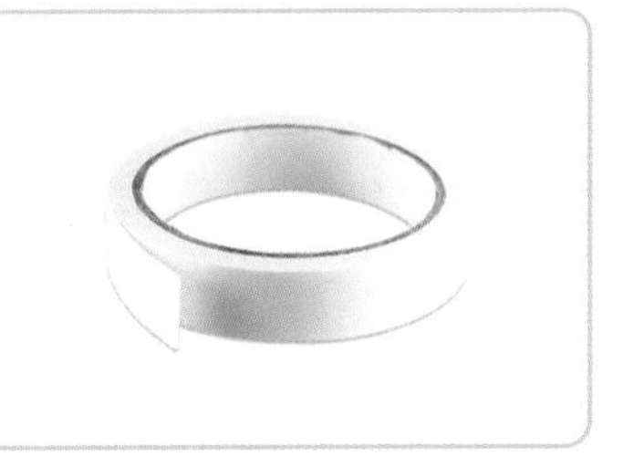

양면테이프

뒷면에 종이가 붙어 있는 일반 양면테이프예요. 접착력이 강해서 붙였다, 떼었다 하는 도안보다는 고정해야 하는 도안에 사용해요.

투명 양면테이프

일반 양면테이프보다 접착력이 강하지 않아요. 그래서 붙였다, 떼었다 해야 하는 소품 도안에 사용하기 좋아요.

도안 속 채우기

솜

스퀴시를 만들 때 가장 흔히 쓰는 재료예요. 몰랑몰랑한 촉감으로 스퀴시에 사용하기 딱 좋아요.

비닐 (코팅지 비닐)

바스락거리는 소리와 촉감이 매력적인 재료예요. 코팅지 뒷면의 비닐을 재활용해도 돼요.

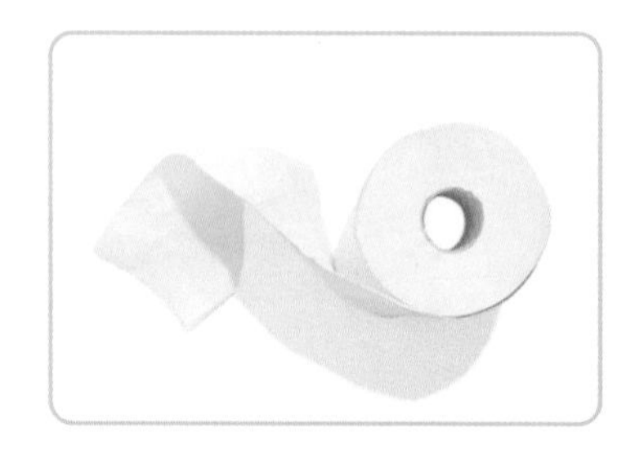

휴지

가장 구하기 쉬운 재료예요. 솜이랑 비닐보다는 몰랑몰랑한 촉감이 덜해요.

이것도 있으면 좋아요!

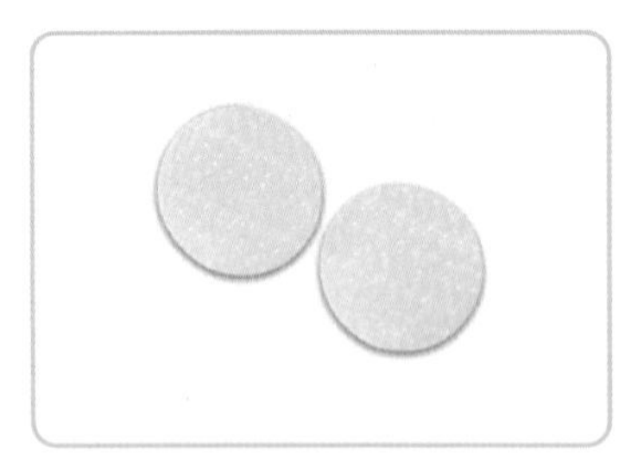

벨크로 (찍찍이)

도안을 꼭 닫아서 보관할 수 있도록 해 줘요.

+Tip 벨크로가 없다면 투명 양면 테이프를 이용해도 좋아요.

네임펜

코팅한 도안 위에 내용을 적을 때 사용해요.

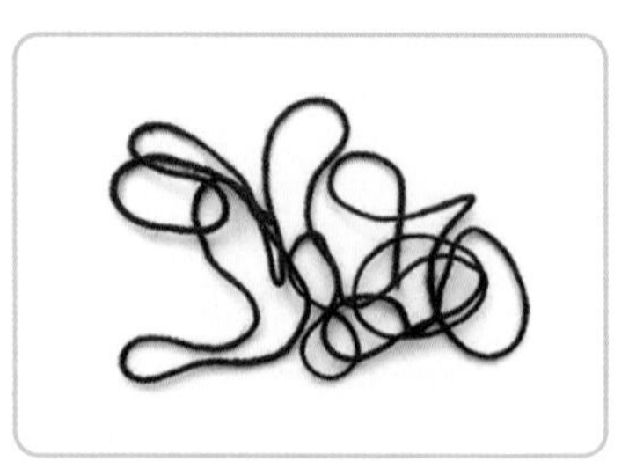

끈 (마스크 끈)

끈이 필요한 놀이가 있어요. 다 사용하고 난 일회용 마스크 끈을 재활용해서 사용하면 좋아요.

만들기 기호 살펴보기

직업놀이북을 만들 때 사용하는 기호를 알려 줄게요. 한번 잘 살펴보고 만들기를 시작해 보아요.

도안 코팅 기호

코팅지 / 앞면	손코팅지로 도안의 앞면만 코팅해요.
코팅지 / 양면	손코팅지로 도안의 앞면을 코팅한 다음, 뒷면도 똑같이 코팅해요.
박스테이프 / 뒷면	투명 박스테이프로 도안의 뒷면만 코팅해요. ➡ 박스테이프 코팅이 번거롭다면 손코팅지로 코팅해도 좋아요.
박스테이프 / 양면	투명 박스테이프로 도안의 앞면을 코팅한 다음, 뒷면도 똑같이 코팅해요.

★ 한 장의 도안을 각각 다른 방법으로 코팅해야 할 경우, 쉽게 구분할 수 있도록 분리해 두었어요. 도안 위에 기호를 보고 해당 방법으로 코팅해 주세요.

도안 조립 기호

────	검은색 실선	테두리의 실선을 따라 가위나 칼로 도안을 오려요.
--------	규칙적인 점선	점선이 안으로 들어가게 접어요.
-·-·-·-·-	불규칙적인 점선	점선이 바깥으로 나오게 접어요.
1	숫자 상자	같은 숫자끼리 서로 마주 보도록 붙여요.
●	회색 동그라미	벨크로 또는 투명 양면테이프를 붙여요.
▬	회색 네모	투명 양면테이프를 붙여요. 주로 붙였다, 떼면서 노는 소품 도안에 있어요.
▬	검은색 네모	양면테이프를 붙여요. 주로 단단하게 고정시켜야 하는 도안에 있어요.
	솜	솜을 넣는 부분이에요. 솜 기호가 마주 보도록 도안을 겹치고, 테두리에 투명테이프를 붙인 다음 안쪽에 솜을 넣어요.
	투명 그림	책 도안에 채색이 연하게 된 부분이 있어요. 이 투명 그림 자리에 같은 그림의 도안을 붙여 배경을 완성해요.

뚠뚠토이 친구들 만나기

《뚠뚠토이의 두근두근 직업놀이북》에는 다양한 캐릭터 친구들이 등장해요. 지금 바로 만나 볼까요?

옹이 새침하고 까칠해 보이지만, 사실 여린 마음을 가지고 있는 사랑스러운 고양이예요.

용식이 동글동글 귀여운 얼굴처럼 순수한 마음을 가진 아기 공룡이에요. 느릿한 말투가 매력적이랍니다.

탱이 모두에게 친절한 따뜻한 성격의 곰돌이예요. 배려심이 넘치죠.

포포 토실토실 귀여운 하얀 곰 인형이에요. 친구들이 가끔 얄밉게 굴어도 너그러운 마음으로 이해해 주는 아주 착한 친구예요.

뜬이 새하얀 털과 쫑긋한 두 귀가 매력적인 토끼예요. 가끔 엉뚱한 면이 있어서 귀여워요.

진구 정이 많고, 구수한 매력을 가진 강아지예요. 항상 밝은 미소를 띠고 있죠.

제리 상큼한 노란색 레몬 젤리곰이에요. 시원시원한 성격으로 친구들 사이에서 인기가 많아요.

더 많은 친구들이 기다리고 있어! 뒤에서 직접 확인해 봐!

하니 달콤한 분홍색 딸기 젤리곰이에요. 때로 친구에게 날카로운 말을 하지만, 누구보다 친구를 생각하는 마음을 지니고 있어요.

진로 흥미 유형 둘러보기

내가 어떤 것을 좋아하고 잘하는지 알고 있나요? 나의 진로 흥미를 탐색하고, 나와 어울리는 직업은 무엇인지 살펴보아요.

"난 손재주가 뛰어나."

뚝딱이형

"난 관찰하는 걸 좋아해."

탐험이형

"난 꾸미는 걸 좋아해."

멋쟁이형

뚝딱이는
손재주가 있거나
만들기를 좋아해요.
만들기에 필요한 도구나
기계도 잘 다루죠.
그리고 활동적이라 몸을
움직이는 것도 좋아해요.

탐험이는
세심하게 관찰하는 걸
좋아해요. 창의적이고,
새로운 일에 도전하는 것도
좋아하죠. 그래서 탐구심,
호기심이 많다는 이야기를
자주 들어요.

멋쟁이는
감정이 풍부하고 상상력이
뛰어나요. 옷과 머리를
멋있게 꾸미거나 독특한
방법으로 자신을 표현해요.
글쓰기, 음악, 미술 같은
예술에 관심이 많아요.

★ 대표 직업 ★

의사 소방관
자동차 정비원
응급 구조사
안경사

★ 대표 직업 ★

곤충학자 기자
빅데이터 전문가
상담 전문가
문화재 보존가

★ 대표 직업 ★

연예인 작가
마술사
크리에이터
패션 디자이너

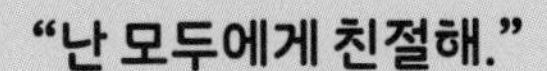

"난 모두에게 친절해."

친절이형

"난 누구보다 씩씩해."

씩씩이형

"난 부지런한 성격이야."

성실이형

친절이는
친구와 사이좋게 지내고, 함께 활동하는 것을 좋아해요.이해심이 깊고, 따뜻한 마음을 지녀서 도움이 필요한 사람에게 다정한 손길을 내밀어요.

씩씩이는
수업 시간에 자신 있게 발표를 잘하고, 모든 일을 열심히 해요. 친구들을 설득하고, 이끄는 능력이 있어요. 사람들과 잘 어울리며 모험심도 강해요.

성실이는
계획한 일을 꾸준하게 실천하는 걸 좋아하고, 중요한 내용을 노트에 기록·정리하는 일을 잘해요. 책임감이 강해서 약속이나 규칙, 질서를 잘 지켜요.

★ 대표 직업 ★
승무원 은행원
보육 교사
사회 복지사
관광 가이드

★ 대표 직업 ★
경찰관 변호사
운동선수
경호원
레크레이션 지도자

★ 대표 직업 ★
선생님 사서
공무원
영양사
전문 비서

출처 - 주니어 커리어넷, https://www.career.go.kr/jr

PART 1
뚠뚠토이
직업놀이북
만들기

긴급 출동! 도둑을 잡아라!
경찰관 종이놀이북

큰일 났어요! 뚠뚠 은행에 도둑이 나타났대요!
나쁜 짓을 한 도둑을 잡으러 어서 빨리 참수리 경찰관들과 출동해 볼까요?

만들기 재료

재미있게 만들어요!

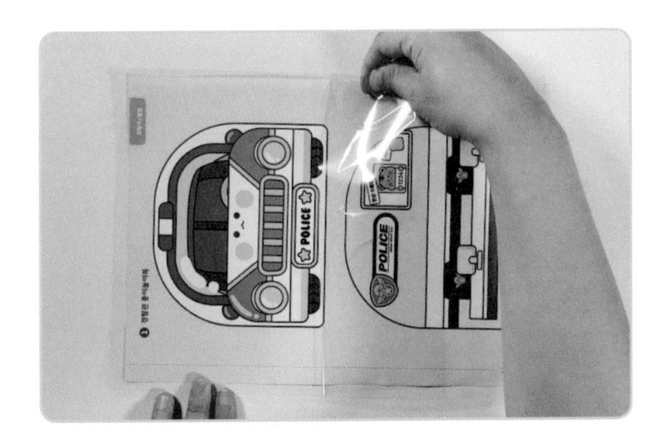

01

도안에 나와 있는 기호를 참고하여 코팅해요.

헷갈린다면 9쪽의 만들기 기호 설명을 다시 읽어 보세요.

02

코팅한 도안을 예쁘게 오려요.

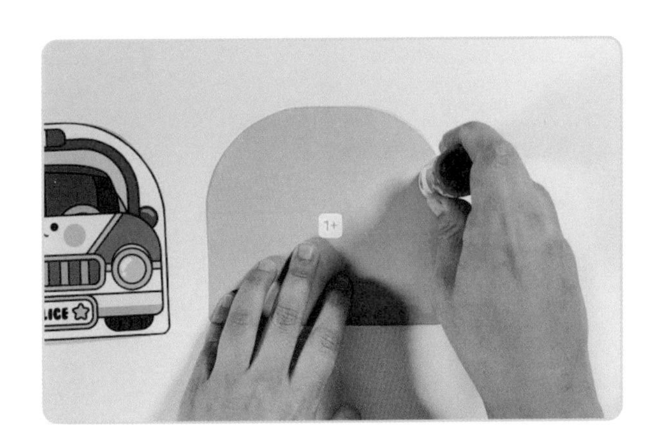

03

뒷면에 숫자가 적힌 도안을 준비해요. 뒷면에 풀을 바르고, 같은 숫자끼리 마주 보게 붙여요.

04

앞서 붙인 1, 2 도안을 나란히 놓고, 가운데를 투명테이프로 연결해요. 남은 도안도 뒤에 이어 붙여요.

두 도안 사이에 살짝 틈이 있게 붙이면 책이 잘 접혀요.

05

연결한 도안을 덮고, 책등에 투명테이프를 감싸듯 붙여서 튼튼하게 만들어요.

06

투명테이프로 앞표지에 경찰차 얼굴을 붙여요. 이때 경찰차 얼굴의 왼쪽과 오른쪽, 아래쪽에만 테이프를 붙여요.

경찰차 안으로 캐릭터가 쏙 들어가요.

07

투명한 책상 그림 위에 같은 그림의 도안을 겹쳐요. 그리고 책상의 왼쪽과 오른쪽, 아래쪽에만 투명테이프를 붙여요.

책상 뒤로 캐릭터가 쏙 들어가요.

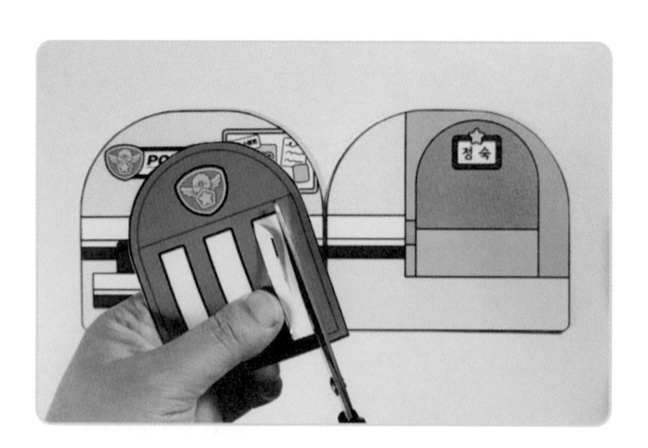

08

가위나 칼을 이용해 쇠창살에 구멍을 내요.

칼은 위험하니까 어른의 도움을 받아요!

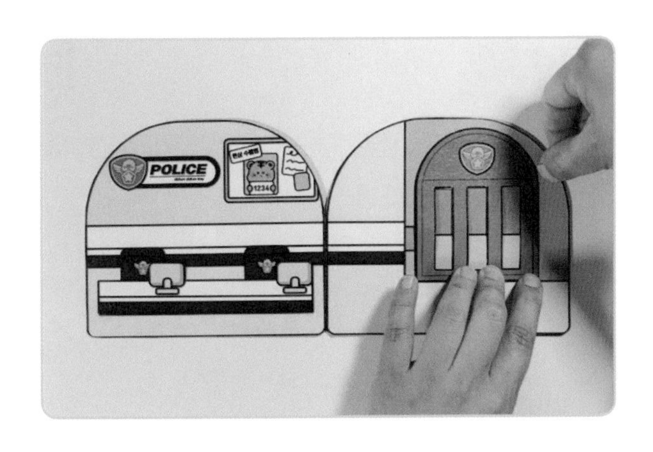

09

감옥 문을 열었다, 닫았다 할 수 있도록 문 오른쪽에만 투명테이프를 붙여요.

문의 안쪽과 바깥쪽 모두 테이프로 붙여야 튼튼해요.

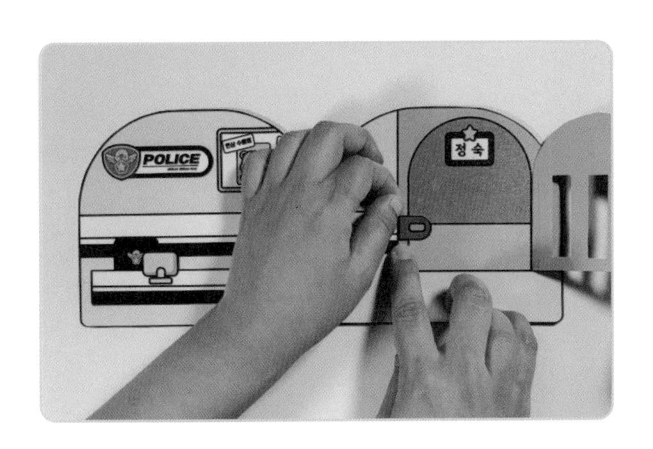

10

감옥 문 옆에 있는 작은 회색 네모 위에 잠금장치 도안을 겹쳐요. 그리고 잠금장치 왼쪽에만 투명테이프를 붙여요.

잠금장치 아래쪽으로 감옥 문을 넣으면 문이 열리지 않아요.

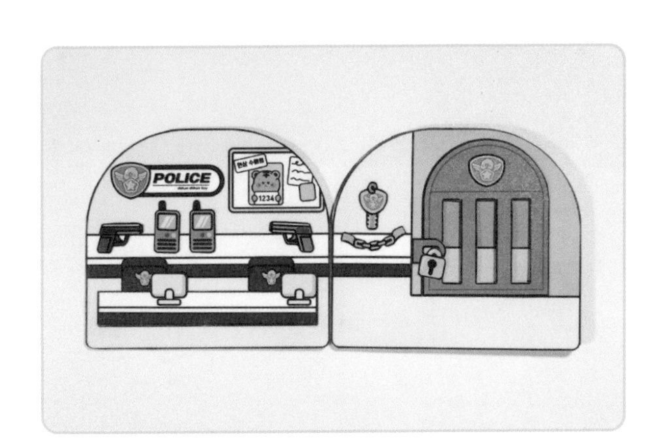

11

소품 도안 뒷면에 투명 양면테이프를 붙인 다음, 책에다가 정리해요.

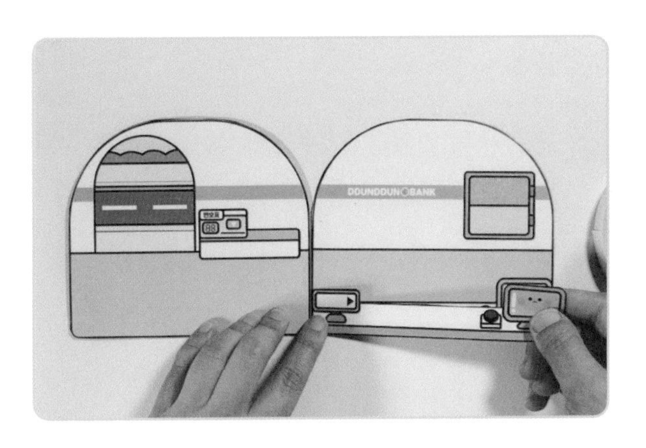

12

데스크 도안 뒷면에 양면테이프를 붙이고, 투명 그림 위에 고정시켜요.

책상 뒤로 캐릭터가 쏙 들어가요.

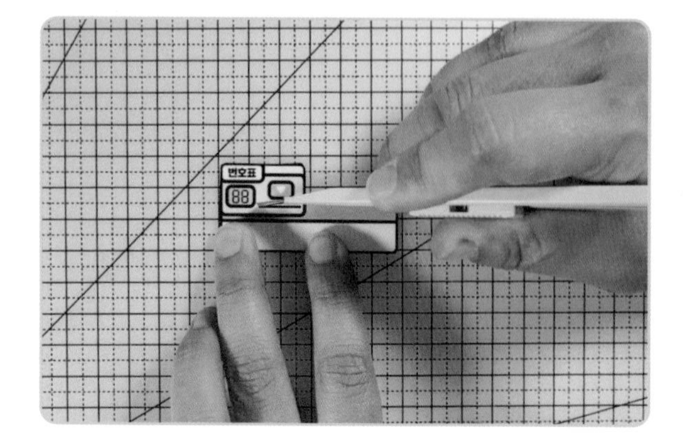

번호표 기계에 짧은 검은색 선이 있어요. 번호표가 들어갈 수 있도록 선을 따라 칼집을 내요.

칼은 위험하니까 어른의 도움을 받아요!

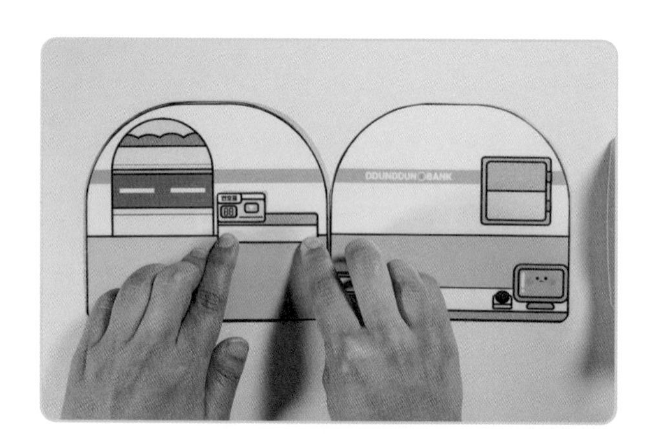

14

투명한 번호표 기계 그림 위에 같은 그림의 도안을 겹쳐요. 그리고 기계의 왼쪽과 오른쪽, 아래쪽에만 투명테이프를 붙여요.

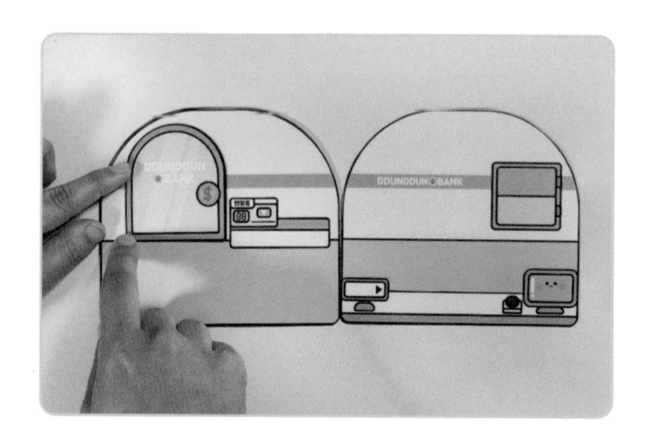

15

은행 문을 열었다, 닫았다 할 수 있도록 문 왼쪽에만 투명테이프를 붙여요.

문의 안쪽과 바깥쪽 모두 테이프로 붙여야 튼튼해요.

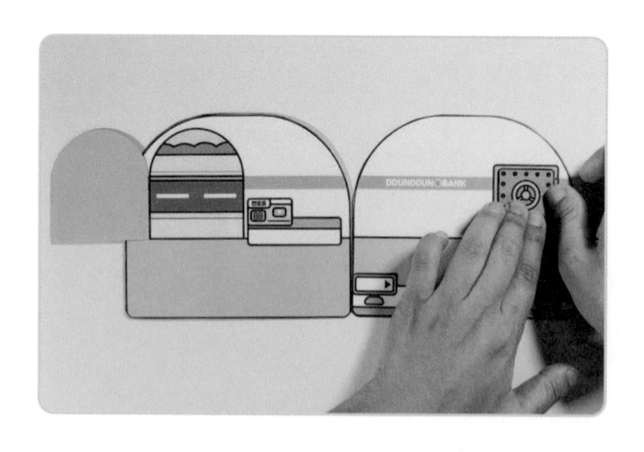

16

금고 문을 열었다, 닫았다 할 수 있도록 문 오른쪽에만 투명테이프를 붙여요.

문의 안쪽과 바깥쪽 모두 테이프로 붙여야 튼튼해요.

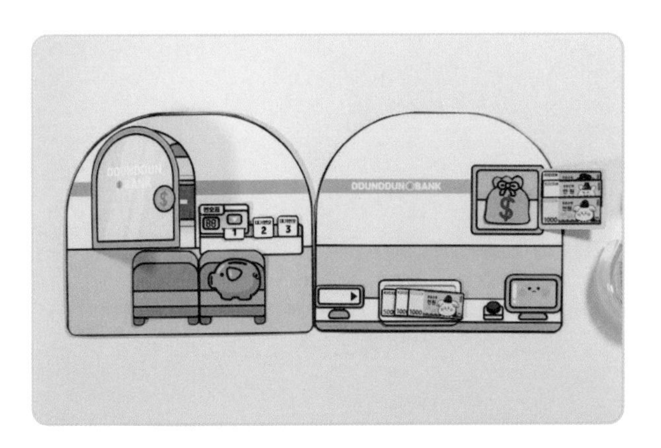

17

소품 도안 뒷면에 투명 양면테이프를 붙인 다음, 책에다가 정리해요.

18

뒤표지의 투명한 주머니 그림 위에 같은 그림의 도안을 겹쳐요. 그리고 주머니의 왼쪽, 오른쪽, 아래쪽에만 투명테이프를 붙여요.

19

투명 양면테이프를 이용해 캐릭터 옷을 입혀요.

캐릭터 뒷면에 투명 양면테이프를 붙이고, 주머니에 쏙 넣어 보관해요.

20

삐용삐용~ 경찰관 종이놀이북 완성! 여기저기 캐릭터와 소품들을 붙이며 용감한 경찰관이 되어 보아요.

불이 났을 때는 119에 전화해요! 소방관 종이놀이북

따르릉~ 따르릉~ 소방서로 신고 전화가 왔어요.
뚠뚠 하우스에 불이 났대요! 신속하게 출동해서 불도 끄고, 소중한 생명도 구해 보아요!

만들기 재료

재미있게 만들어요!

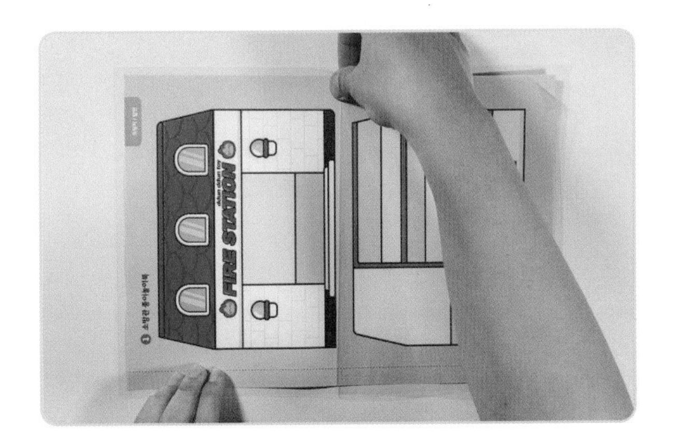

01

도안에 나와 있는 기호를 참고하여 코팅해요.

헷갈린다면 9쪽의 만들기 기호 설명을 다시 읽어 보세요.

02

코팅한 도안을 예쁘게 오려요.

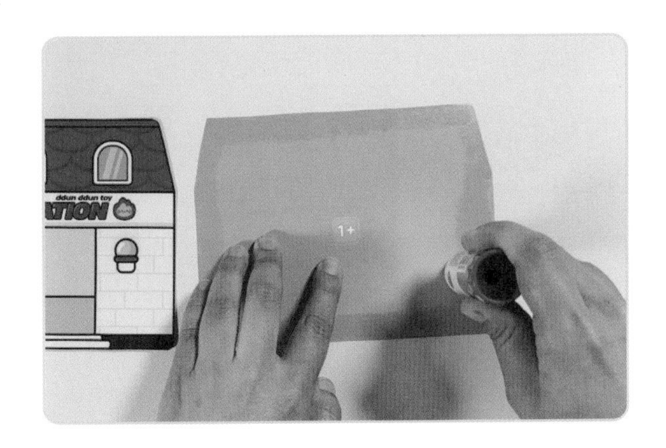

03

뒷면에 숫자가 적힌 도안을 준비해요. 뒷면에 풀을 바르고, 같은 숫자끼리 마주 보게 붙여요.

04

앞서 붙인 1, 2 도안을 나란히 놓고, 가운데를 투명테이프로 연결해요. 남은 도안도 뒤에 이어 붙여요.

두 도안 사이에 살짝 틈이 있게 붙이면 책이 잘 접혀요.

05

연결한 도안을 덮고, 책등에 투명테이프를 감싸듯 붙여서 튼튼하게 만들어요.

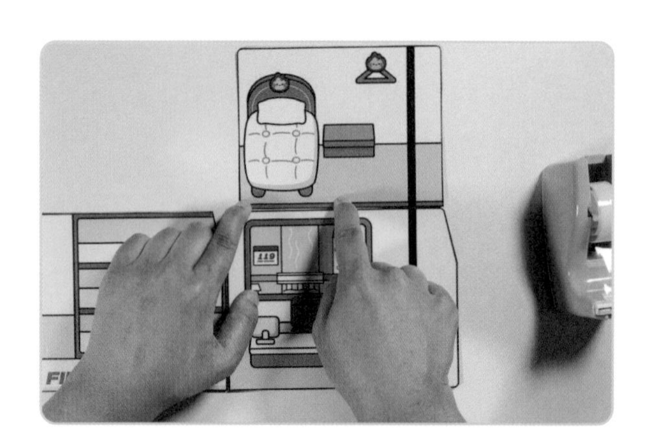

06

투명테이프로 2 도안 위에 휴게실 도안을 연결해요.

두 도안 사이에 살짝 틈이 있게 붙이면 책이 잘 접혀요.

07

투명테이프로 3 도안 위에 이층집 건물 도안을 연결해요.

두 도안 사이에 살짝 틈이 있게 붙이면 책이 잘 접혀요.

08

출입문을 반으로 잘라요. 그리고 문을 열었다, 닫았다 할 수 있도록 문의 왼쪽과 오른쪽에만 투명테이프를 붙여요.

문의 안쪽과 바깥쪽 모두 테이프로 붙여야 튼튼해요.

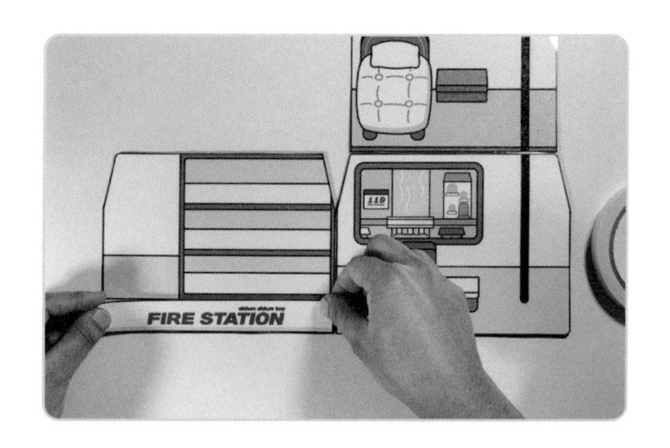

09

'FIRE STATION'이라고 적혀 있는 도안 뒷면에 양면테이프를 붙인 다음, 투명 그림 위에 고정시켜요.

도안 뒤에 소방차를 보관할 수 있어요.

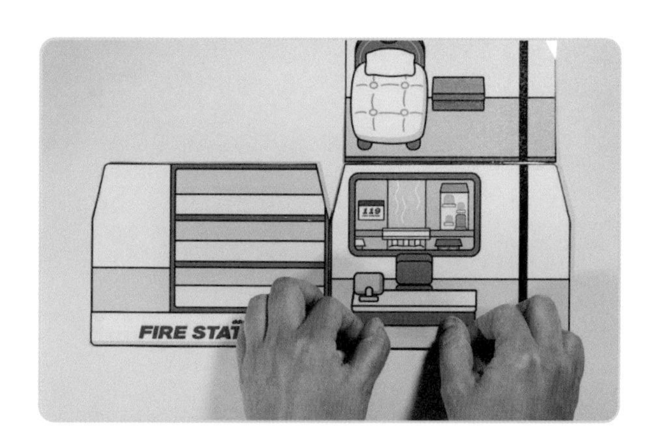

10

투명한 책상 그림 위에 같은 그림의 도안을 겹쳐요. 그리고 책상의 왼쪽과 오른쪽, 아래쪽에만 투명테이프를 붙여요.

책상 뒤로 캐릭터가 쏙 들어가요.

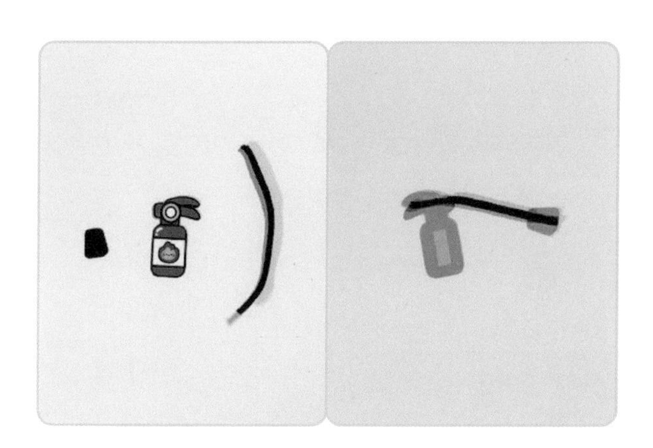

11

투명테이프와 짧은 끈을 이용해 소화기를 만들어요.

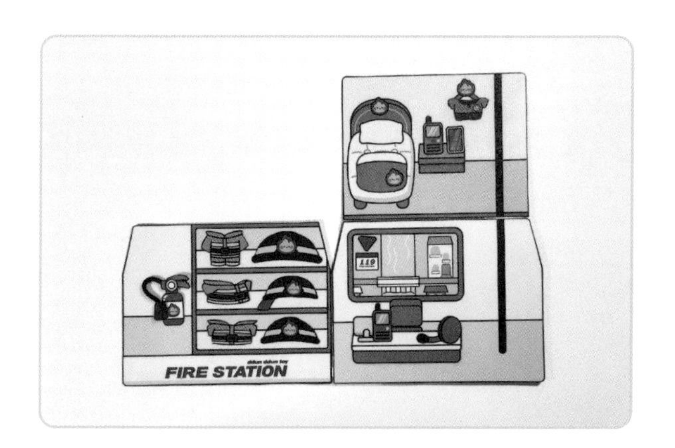

12

소품 도안 뒷면에 투명 양면테이프를 붙인 다음, 책에다가 정리해요.

13

투명한 물 그림 위에 같은 그림의 도안을 겹쳐요. 그리고 물의 왼쪽과 오른쪽, 아래쪽에만 투명테이프를 붙여요.

물 안으로 캐릭터를 넣어서 물에 빠진 상황을 연출할 수 있어요.

14

투명한 난간 그림 위에 같은 그림의 도안을 겹쳐요. 그리고 난간의 왼쪽과 오른쪽, 아래쪽에만 투명테이프를 붙여요.

난간 안으로 캐릭터가 쏙 들어가요.

15

현관문을 열었다, 닫았다 할 수 있도록 문 오른쪽에만 투명테이프를 붙여요.

문의 안쪽과 바깥쪽 모두 테이프로 붙여야 튼튼해요.

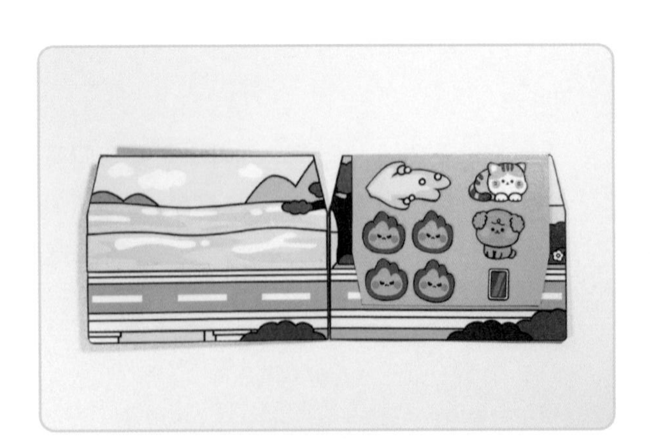

16

소품 도안 뒷면에 투명 양면테이프를 붙인 다음, 건물 도안 뒷면에 정리해요.

17

뒤표지의 투명한 주머니 그림 위에 같은 그림의 도안을 겹쳐요. 그리고 주머니의 왼쪽, 오른쪽, 아래쪽에만 투명테이프를 붙여요.

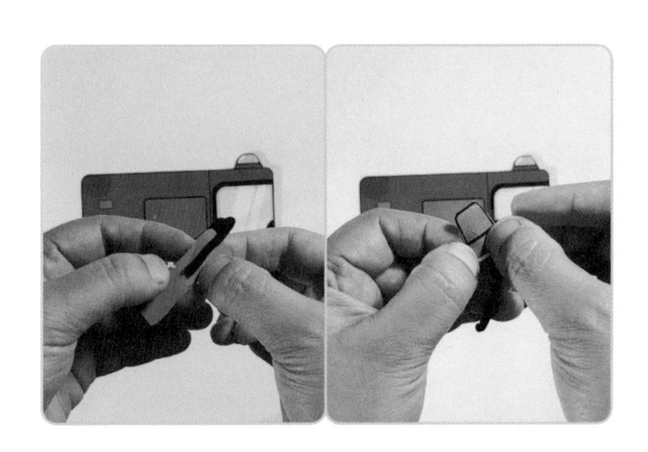

18

투명테이프로 호스 도안 뒷면에 긴 끈을 붙이고, 반으로 접어요. 그다음 테두리를 투명테이프로 붙여요.

테이프에 가위집을 내면 둥근 부분도 깔끔하게 붙일 수 있어요.

19

투명테이프로 앞서 만든 호스의 끈을 소방차에 붙여요.

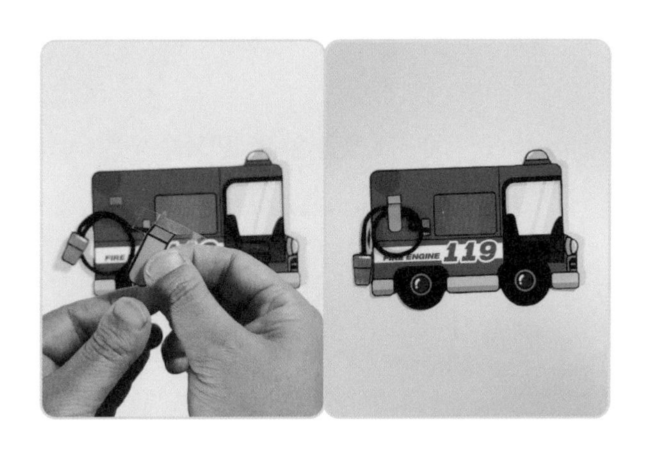

20

호스를 돌돌 감고, 그 위로 호스 고정용 도안을 붙여요. 도안 윗부분은 투명한 네모 칸에 맞춰 투명테이프로 고정하고, 아랫부분은 뒷면에 투명 양면테이프를 붙여 호스를 정리하는 데 써요.

호스를 풀어서 불을 끄고, 다시 돌돌 말아서 정리해요.

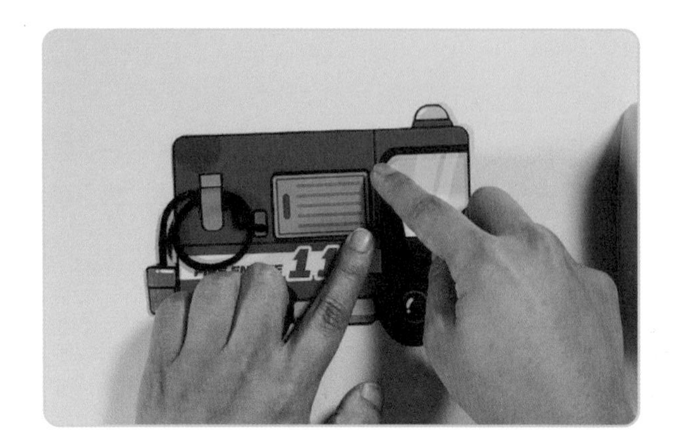

21

보관함을 열었다, 닫았다 할 수 있도록 보관함 문 오른쪽에만 투명테이프를 붙여요.

문의 안쪽과 바깥쪽 모두 테이프로 붙여야 튼튼해요.

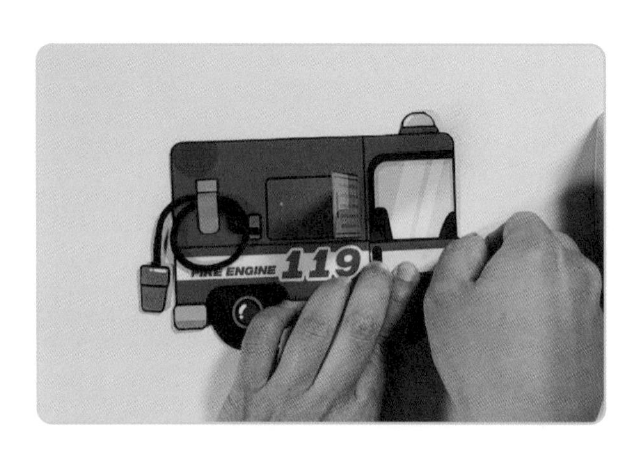

22

소방차 문을 열었다, 닫았다 할 수 있도록 자동차 문 오른쪽에만 투명테이프를 붙여요.

문의 안쪽과 바깥쪽 모두 테이프로 붙여야 튼튼해요.

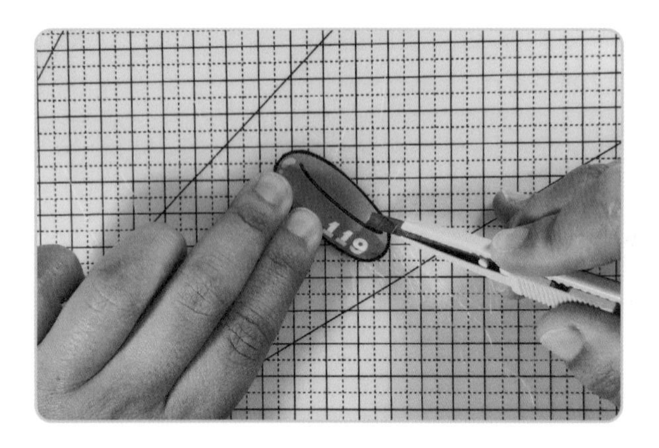

23

튜브 사이로 캐릭터가 쏙 들어갈 수 있도록 튜브 가운데에 있는 선을 따라 칼집을 내요.

칼은 위험하니까 어른의 도움을 받아요!

24

소품 도안 뒷면에 투명 양면테이프를 붙인 다음, 책에다가 정리해요.

25

투명 양면테이프를 이용해 캐릭터 옷을 입혀요.

캐릭터 뒷면에 투명 양면테이프를 붙이고,
주머니에 쏙 넣어 보관해요.

26

긴급 출동~ 소방관 종이놀이북 완성! 여기저기 캐릭터와 소품들을 붙이며 씩씩한 소방관이 되어 보아요.

아픈 동물을 사랑으로 돌보아요! 수의사 스퀴시북

만들기 영상

포포가 동물병원을 찾아갔어요. 키우는 강아지가 며칠 동안 밥을 잘 안 먹었거든요.
강아지가 어디 아픈 건 아닌지 함께 살펴보고, 사랑을 듬뿍 담아 치료해 볼까요?

만들기 재료

재미있게 만들어요!

01

도안에 나와 있는 기호를 참고하여 코팅해요.

헷갈린다면 9쪽의 만들기 기호 설명을 다시 읽어 보세요.

02

코팅한 도안을 예쁘게 오려요.

03

뒷면에 3+가 적힌 도안과 책 띠지를 준비해요. 띠지의 작은 점을 도안에 맞추고, 투명테이프로 도안과 띠지를 연결해요.

띠지의 안쪽과 바깥쪽 모두 테이프로 붙여야 튼튼해요.

04

뒷면에 숫자가 적힌 도안을 모두 준비해요. 같은 숫자끼리 마주 보게 겹치고, 테두리를 투명테이프로 붙여요. 이때 손을 넣을 구멍은 남겨야 해요.

테이프에 가위집을 내면 곡선 부분도 깔끔하게 붙일 수 있어요.

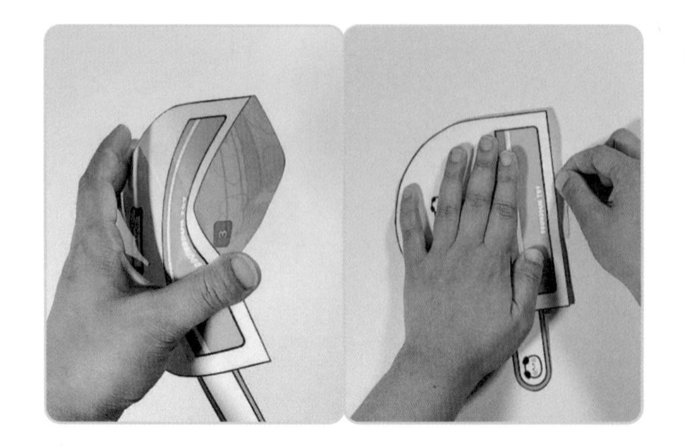

05

구멍 안에 솜을 적당히 넣고, 투명테이프로 구멍을 막아요.

코팅하고 남은 비닐이나 휴지를 넣어도 좋아요.

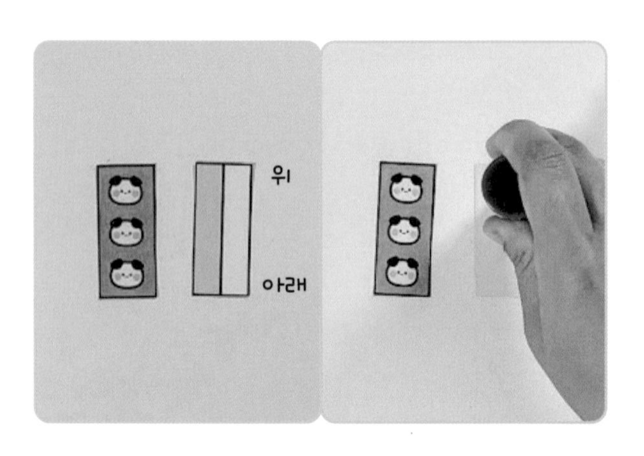

06

책등의 왼쪽과 오른쪽 색상을 잘 확인하고, 책등 뒷면이 서로 마주 보도록 풀로 붙여요.

07

책등을 책 앞표지와 뒤표지 가운데에 놓고, 안쪽과 바깥쪽에 투명테이프를 붙여 고정해요.

책등과 표지 사이 간격을 살짝 띄어서 붙이면 책이 잘 접혀요.

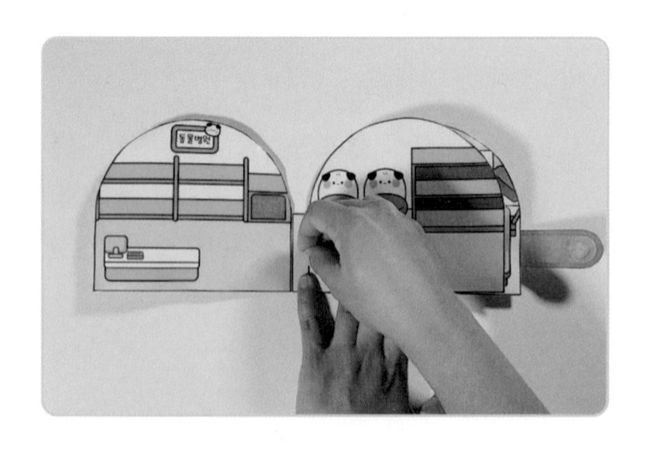

08

책등 안쪽에 선이 있어요. 이 선에 맞춰서 남아 있는 스퀴시를 투명테이프로 붙여요.

스퀴시의 앞쪽과 뒤쪽 모두 테이프로 붙여야 튼튼해요.

09

책을 꼭 닫을 수 있도록 띠지 안쪽에 벨크로를 붙여요.

벨크로가 없으면 투명 양면테이프를 붙여도 좋아요.

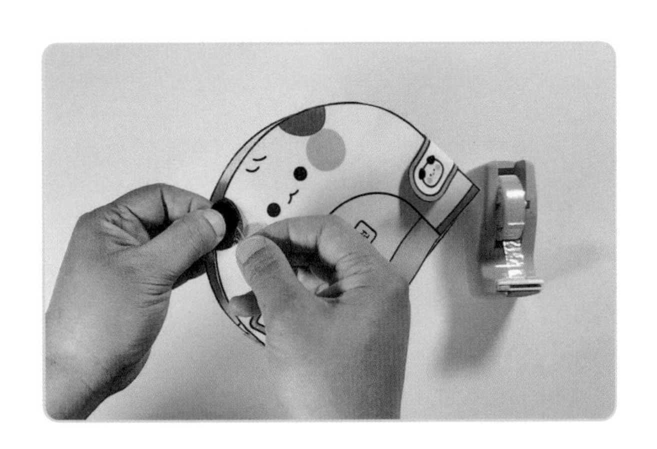

10

앞표지 윗부분에 강아지 귀를 맞추고, 아래쪽을 투명테이프로 붙여요.

귀 안쪽에도 테이프를 붙여야 튼튼해요.

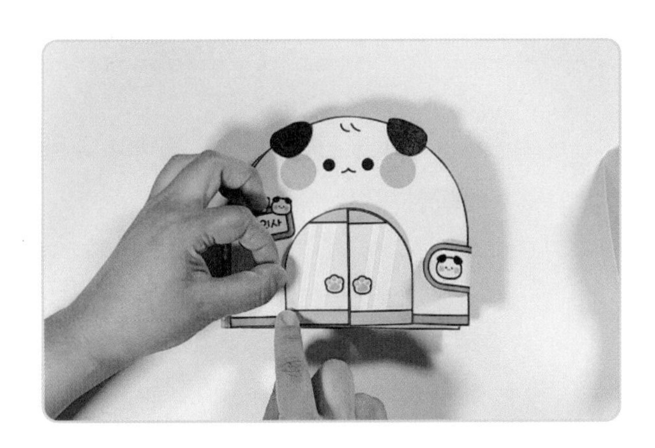

11

출입문을 반으로 잘라요. 그리고 문을 열었다, 닫았다 할 수 있도록 문의 왼쪽과 오른쪽에만 투명테이프를 붙여요,

문의 안쪽과 바깥쪽 모두 테이프로 붙여야 튼튼해요.

12

투명한 데스크 그림 위에 같은 그림의 도안을 겹쳐요. 그리고 데스크의 왼쪽과 오른쪽, 아래쪽에만 투명테이프를 붙여요.

데스크 뒤로 캐릭터가 쏙 들어가요.

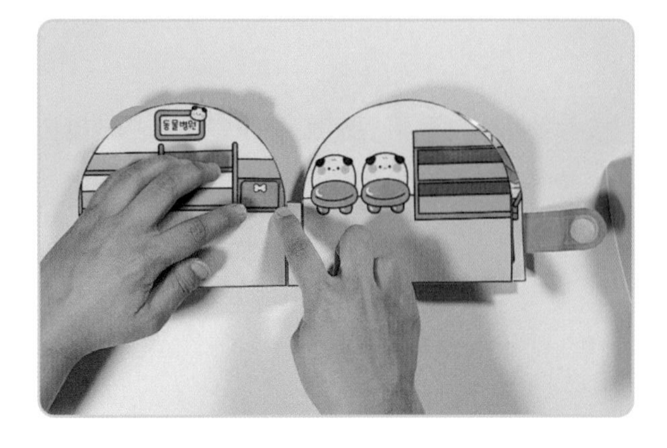

투명테이프로 쓰레기통 문을 붙여요. 이때 문을 열었다, 닫았다 할 수 있도록 문 아래쪽에만 테이프를 붙여요.

문의 안쪽과 바깥쪽 모두 테이프로 붙여야 튼튼해요.

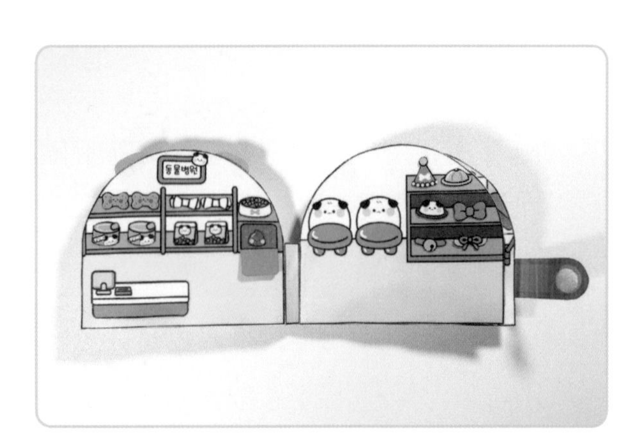

14

소품 도안 뒷면에 투명 양면테이프를 붙인 다음, 책에다가 정리해요.

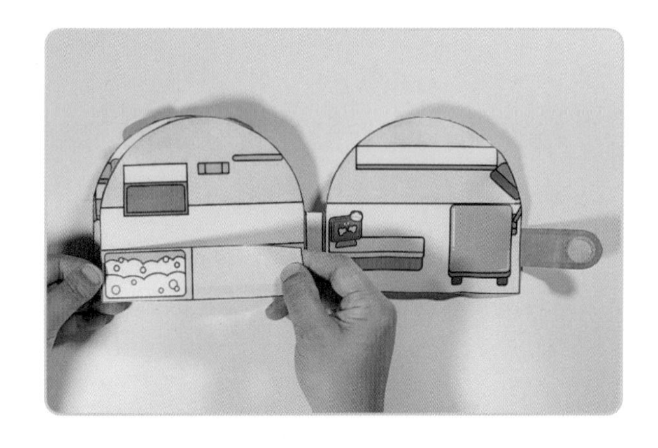

15

목욕대 도안 뒷면에 양면테이프를 붙이고, 투명 그림 위에 고정시켜요.

목욕대 안으로 캐릭터가 쏙 들어가요.

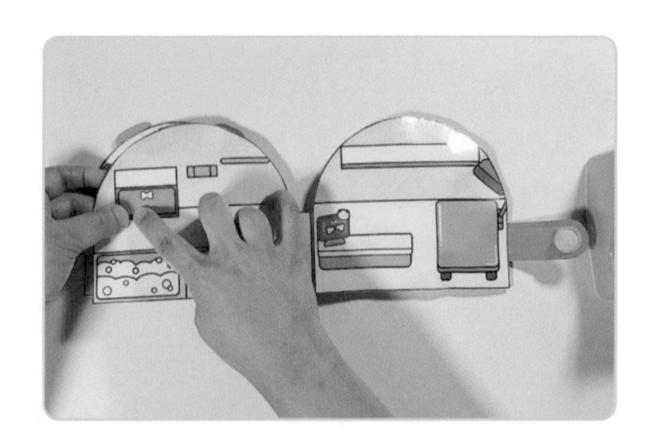

16

투명테이프로 서랍 문을 붙여요. 이때 문을 열었다, 닫았다 할 수 있도록 문 아래쪽에만 테이프를 붙여요.

문의 안쪽과 바깥쪽 모두 테이프로 붙여야 튼튼해요.

17

이발기와 털 뭉치 도안 뒷면에 투명 양면테이프를 붙이고, 서랍 안에 정리해요.

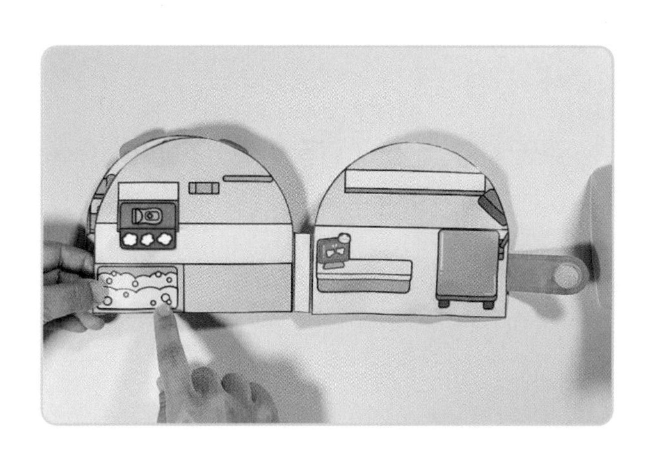

18

투명한 거품 그림 위에 같은 그림의 도안을 겹쳐요. 그리고 거품의 왼쪽과 오른쪽, 아래쪽에만 투명테이프를 붙여요.

거품 안으로 동물 친구들이 쏙 들어가요.

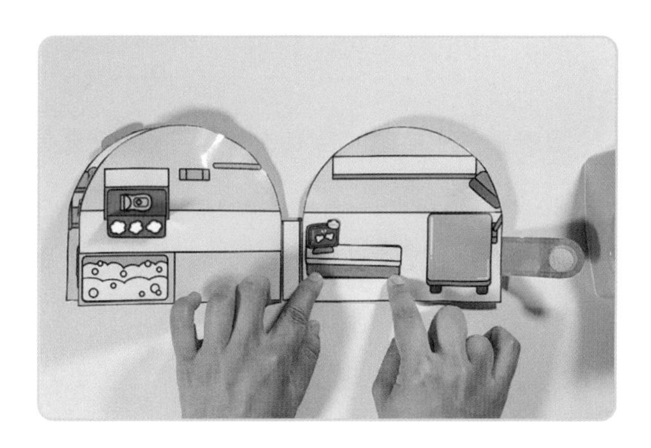

19

투명한 책상 그림 위에 같은 그림의 도안을 겹쳐요. 그리고 책상의 왼쪽과 오른쪽, 아래쪽에만 투명테이프를 붙여요.

책상 뒤로 캐릭터가 쏙 들어가요.

20

소품 도안 뒷면에 투명 양면테이프를 붙인 다음, 책에다가 정리해요.

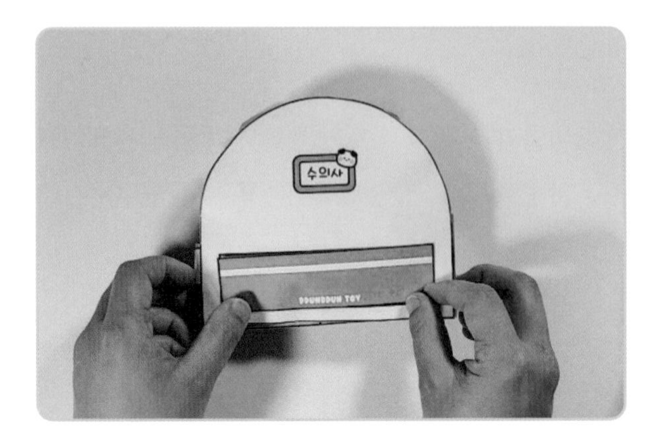

21

뒤표지의 투명한 주머니 그림 위에 같은 그림의 도안을 겹쳐요. 그리고 주머니의 왼쪽, 오른쪽, 아래쪽에만 투명테이프를 붙여요.

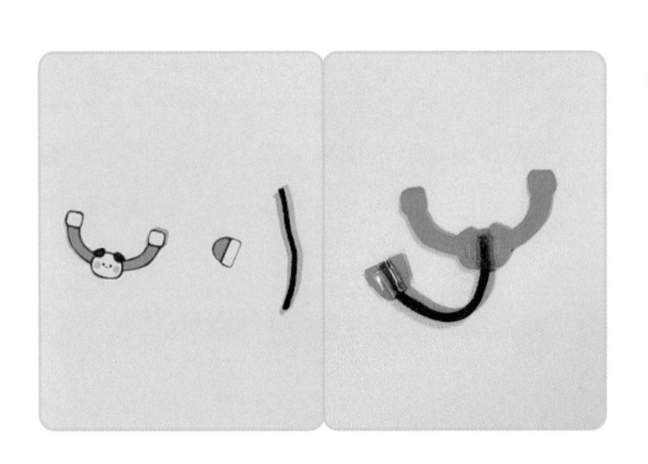

22

투명테이프와 끈을 이용해 청진기를 만들어요. 그리고 투명 양면테이프로 캐릭터에 붙여요.

23

투명 양면테이프를 이용해 캐릭터 옷을 입혀요.

캐릭터 뒷면에 투명 양면테이프를 붙이고, 주머니에 쏙 넣어 보관해요.

24

네임펜으로 동물등록증의 빈칸을 채워요.

내 마음대로 예쁜 이름도 짓고, 성별과 나이도 정해요.

25

귀여운 동물 친구들이 가득한 수의사 스퀴시북 완성! 여기저기 캐릭터와 소품들을 붙이며 훌륭한 수의사가 되어 보아요.

곤충 좋아하는 사람 여기 모여라!
곤충학자 스퀴시북

만들기 영상

나는야~ 곤충을 사랑하게 된 용식이! 친구들과 곤충을 찾으러 떠날 거예요.
여러분도 저랑 함께 곤충을 채집해서 곤충 도감을 완성하고, 연구도 해 볼래요?

만들기 재료

재미있게 만들어요!

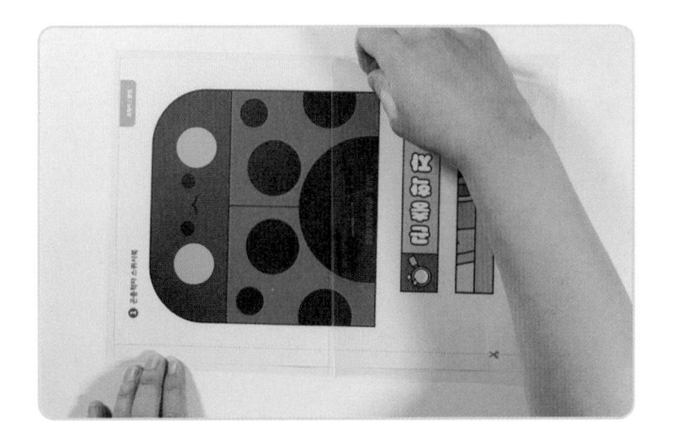

01

도안에 나와 있는 기호를 참고하여 코팅해요.

헷갈린다면 9쪽의 만들기 기호 설명을 다시 읽어 보세요.

02

코팅한 도안을 예쁘게 오려요.

03

뒷면에 3+가 적힌 도안과 책 띠지를 준비해요. 띠지의 작은 점을 도안에 맞추고, 투명테이프로 도안과 띠지를 연결해요.

띠지의 안쪽과 바깥쪽 모두 테이프로 붙여야 튼튼해요.

04

뒷면에 숫자가 적힌 도안을 모두 준비해요. 같은 숫자끼리 마주 보게 겹치고, 테두리를 투명테이프로 붙여요. 이때 솜을 넣을 구멍은 남겨야 해요.

테이프에 가위집을 내면 곡선 부분도 깔끔하게 붙일 수 있어요.

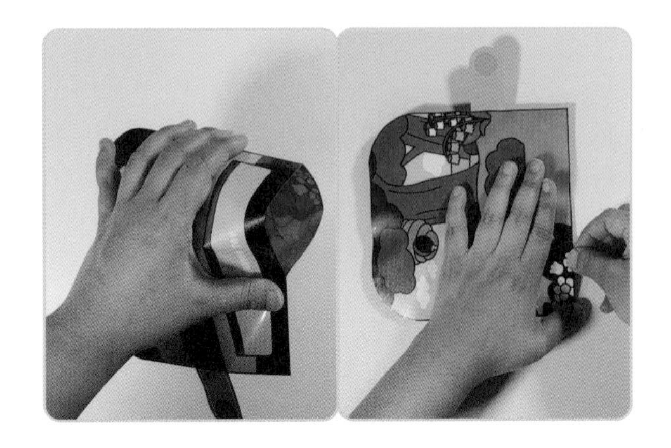

05

구멍 안에 솜을 적당히 넣고, 투명테이프로 구멍을 막아요.

코팅하고 남은 비닐이나 휴지를 넣어도 좋아요.

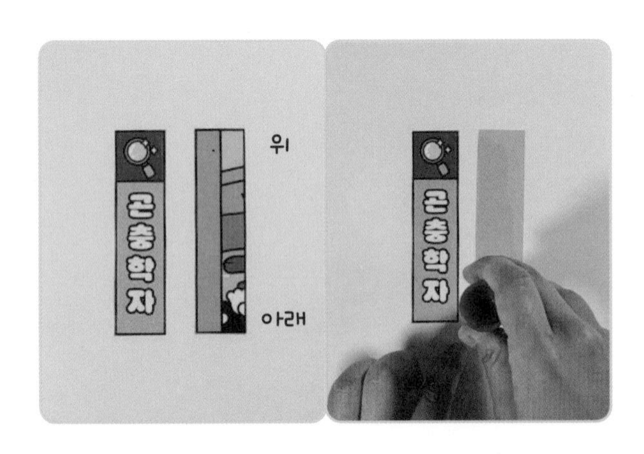

06

책등의 위아래 모양을 잘 확인하고, 책등 뒷면이 서로 마주 보도록 풀로 붙여요.

07

책등을 책 앞표지와 뒤표지 가운데에 놓고, 안쪽과 바깥쪽에 투명테이프를 붙여 고정해요.

책등과 표지 사이 간격을 살짝 띄어서 붙이면 책이 잘 접혀요.

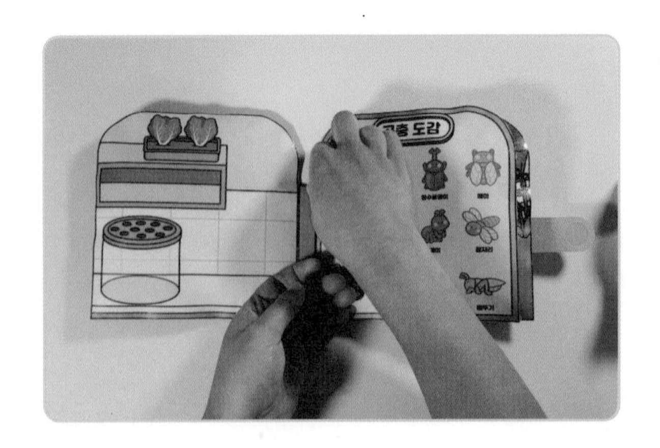

08

책등 안쪽에 선이 있어요. 이 선에 맞춰서 남아 있는 스퀴시를 투명테이프로 붙여요.

스퀴시의 앞쪽과 뒤쪽 모두 테이프로 붙여야 튼튼해요.

09

책을 꼭 닫을 수 있도록 띠지 안쪽에 벨크로를 붙여요.

벨크로가 없으면 투명 양면테이프를 붙여도 좋아요.

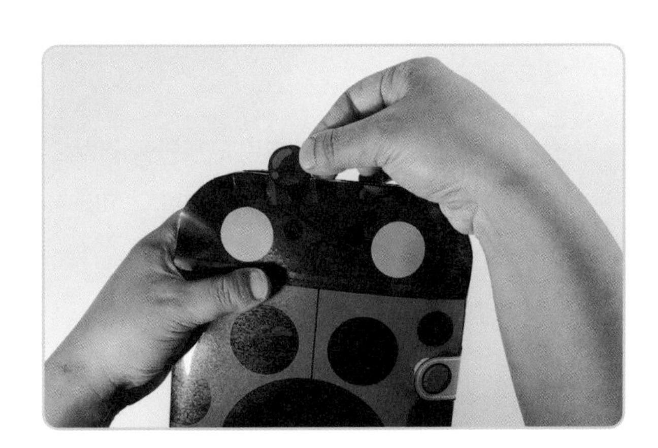

10

앞표지 윗부분에 무당벌레 더듬이를 맞추고, 아래쪽을 투명테이프로 붙여요.

더듬이 안쪽에도 테이프를 붙여야 튼튼해요.

11

뒤표지 윗부분에 꿀벌 더듬이를 맞추고, 아래쪽을 투명테이프로 붙여요.

더듬이 안쪽에도 테이프를 붙여야 튼튼해요.

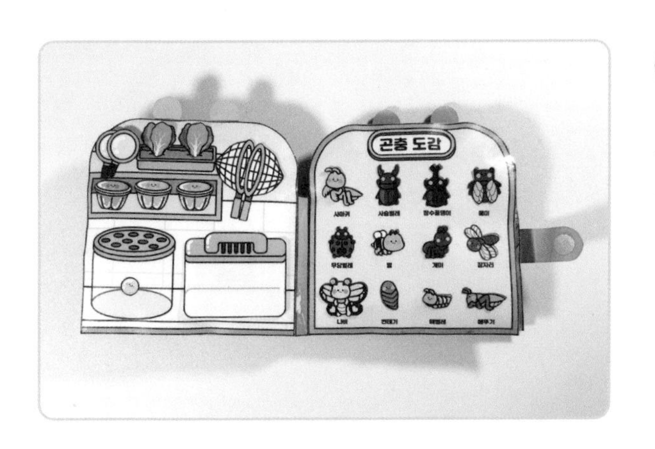

12

소품 도안 뒷면에 투명 양면테이프를 붙인 다음, 책에다가 정리해요.

13

투명한 나뭇잎 그림 위에 같은 그림의 도안을 겹쳐요. 나뭇잎 안에 곤충이 숨을 수 있도록 왼쪽 나뭇잎은 양옆과 아래쪽에만, 오른쪽 나뭇잎은 양옆과 위쪽에만 투명테이프를 붙여요.

14

투명한 풀 그림 위에 같은 그림의 도안을 겹쳐요. 풀 안에 곤충이 숨을 수 있도록 풀 양옆과 아래쪽에만 투명테이프를 붙여요.

15

소품 도안 뒷면에 투명 양면테이프를 붙인 다음, 책에다가 정리해요.

16

앞서 곤충 도감에 붙였던 곤충들을 숲속에 미리 숨겨 놓아도 좋아요.

나뭇잎과 풀 안에도 곤충들을 숨길 수 있어요.

17

뒤표지의 투명한 주머니 그림 위에 같은 그림의 도안을 겹쳐요. 그리고 주머니의 왼쪽, 오른쪽, 아래쪽에만 투명테이프를 붙여요.

18

투명 양면테이프를 이용해 캐릭터 옷을 입혀요.

캐릭터 뒷면에 투명 양면테이프를 붙이고, 주머니에 쏙 넣어 보관해요.

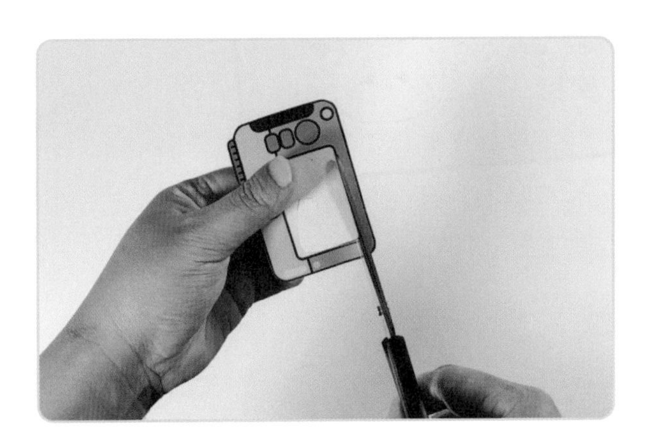

19

가위나 칼로 카메라의 하얀 부분을 오려요.

숨어 있는 곤충의 모습을 카메라에 담을 수 있어요.

20

호기심 가득한 곤충학자 스퀴시북 완성! 여기저기 캐릭터와 소품들을 붙이며 똑똑한 곤충학자가 되어 보아요.

구독과 좋아요 눌러 주세요~! 크리에이터 종이놀이북

만들기 영상

인기 크리에이터 뚠이가 친구를 위한 서프라이즈 콘텐츠를 준비했어요.
진구를 위한 케이크도 만들고, 먹방도 찍을 거래요. 과연 뚠이는 잘할 수 있을까요?

만들기 재료

재미있게 만들어요!

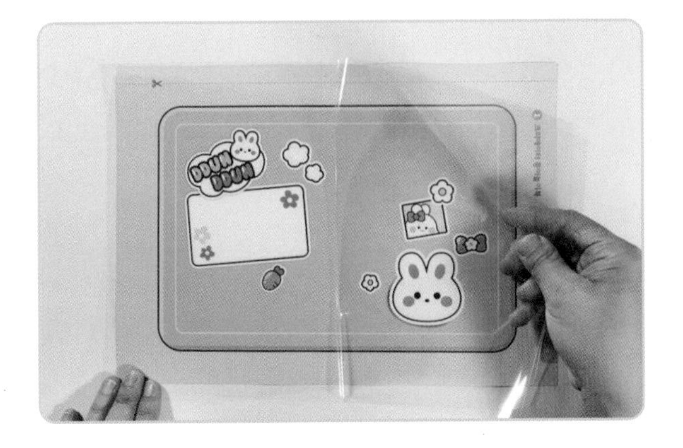

01

도안에 나와 있는 기호를 참고하여 코팅해요.

헷갈린다면 9쪽의 만들기 기호 설명을 다시 읽어 보세요.

02

코팅한 도안을 예쁘게 오려요.

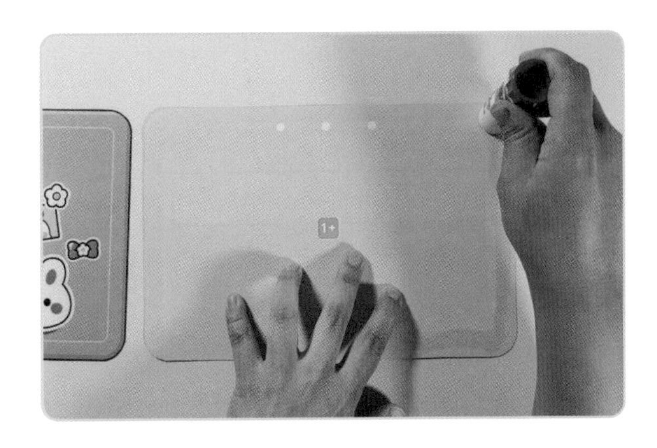

03

뒷면에 숫자와 도형이 표시된 도안을 준비해요. 뒷면에 풀을 바르고, 같은 숫자와 같은 도형끼리 마주 보게 붙여요.

04

앞서 붙인 도안을 사진처럼 놓고, 가운데를 투명 테이프로 연결해요.

두 도안 사이에 살짝 틈이 있게 붙이면 책이 잘 접혀요.

05

연결한 도안을 덮고, 책등에 투명테이프를 감싸듯 붙여서 튼튼하게 만들어요.

06

투명한 흰색 테이블 그림 위에 같은 그림의 도안을 겹쳐요. 그리고 테이블의 왼쪽과 오른쪽, 아래쪽에만 투명테이프를 붙여요.

도안 뒤로 캐릭터가 쏙 들어가요.

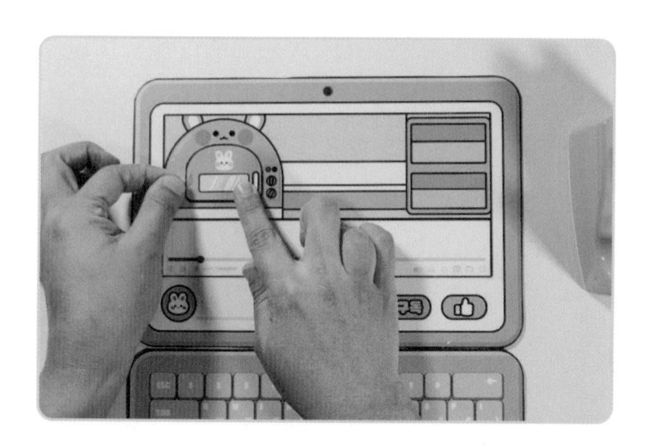

07

오븐 문을 열었다, 닫았다 할 수 있도록 문 왼쪽에만 투명테이프를 붙여요.

문의 안쪽과 바깥쪽 모두 테이프로 붙여야 튼튼해요.

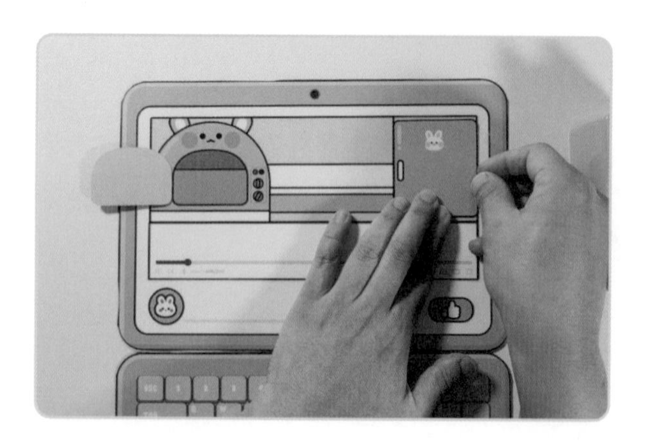

08

냉장고 문을 열었다, 닫았다 할 수 있도록 문 오른쪽에만 투명테이프를 붙여요.

문의 안쪽과 바깥쪽 모두 테이프로 붙여야 튼튼해요.

09

투명한 민트색 테이블 그림 위에 같은 그림의 도안을 겹쳐요. 그리고 테이블의 왼쪽과 오른쪽, 아래쪽에만 투명테이프를 붙여요.

도안 뒤로 캐릭터가 쏙 들어가요.

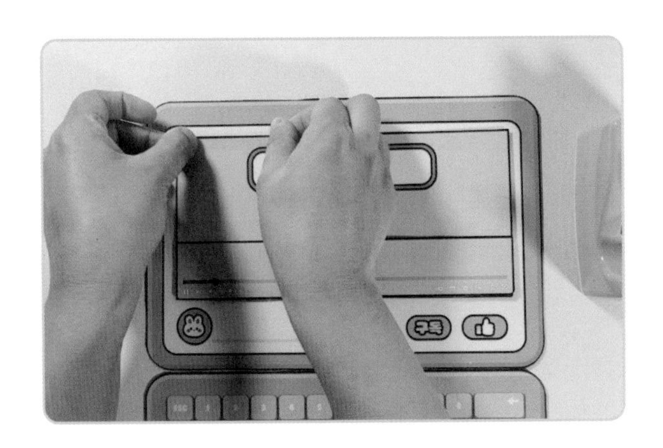

10

앞서 만든 영상 도안을 노트북 화면 위에 붙여요. 이때 영상을 바꿀 수 있도록 영상 위쪽에만 투명테이프를 붙여요.

영상 안쪽과 바깥쪽 모두 테이프로 붙여야 튼튼해요.

11

소품 도안 뒷면에 투명 양면테이프를 붙인 다음, 첫 번째 영상 위에 정리해요.

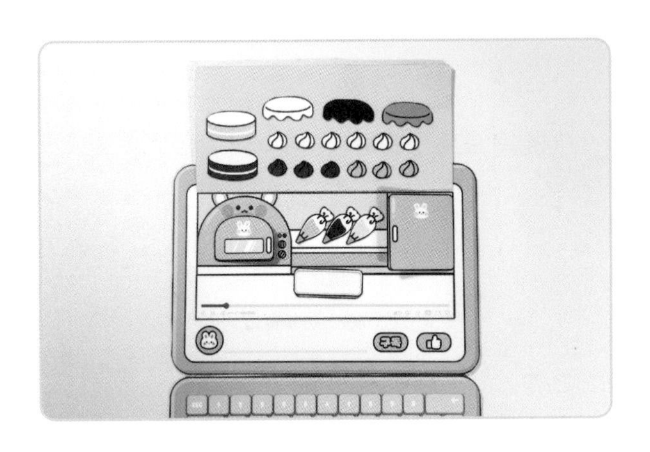

12

소품 도안 뒷면에 투명 양면테이프를 붙인 다음, 첫 번째 영상 뒷면과 두 번째 영상 위에 정리해요.

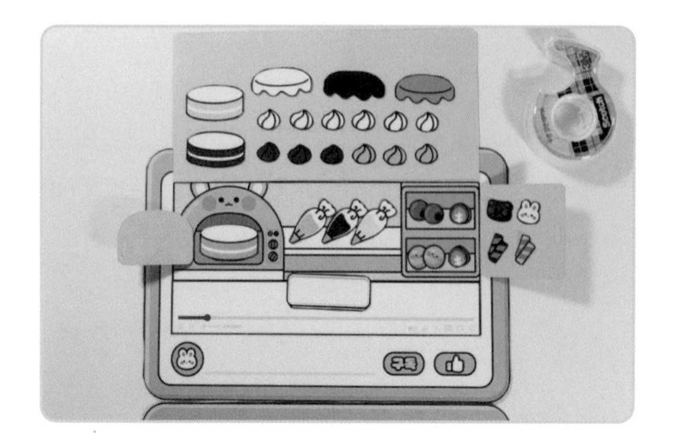

13

케이크 도안 하나는 뒷면에 투명 양면테이프를 붙이고, 오븐에 넣어요. 과일과 토핑 도안은 뒷면에 투명 양면테이프를 붙이고, 냉장고에 정리해요.

14

뒤표지의 투명한 주머니 그림 위에 같은 그림의 도안을 겹쳐요. 그리고 주머니의 왼쪽, 오른쪽, 아래쪽에만 투명테이프를 붙여요.

15

투명 양면테이프를 이용해 캐릭터 옷을 입혀요.

캐릭터 뒷면에 투명 양면테이프를 붙이고,
주머니에 쏙 넣어 보관해요.

16

네임펜으로 앞표지에 이름이나 채널명을 써요.

내 마음대로 깜찍한 이름도 짓고,
재미난 채널명을 정해요.

17

키득키득 크리에이터 종이놀이북 완성! 여기저기 캐릭터와 소품들을 붙이며 창의력 넘치는 크리에이터가 되어 보아요.

06 두근두근! 꿈에 그리던 데뷔 무대! 아이돌 스퀴시북

세상에~ 노래와 춤을 열심히 연습했더니 아이돌로 데뷔할 기회가 생겼어요!
하나뿐인 멋진 데뷔 무대를 위해 방송국으로 달려가 볼까요?

만들기 재료

재미있게 만들어요!

01

도안에 나와 있는 기호를 참고하여 코팅해요.

헷갈린다면 9쪽의 만들기 기호 설명을
다시 읽어 보세요.

02

코팅한 도안을 예쁘게 오려요.

03

뒷면에 3+가 적힌 도안과 책 띠지를 준비해요. 띠지의 작은 점을 도안에 맞추고, 투명테이프로 도안과 띠지를 연결해요.

띠지의 안쪽과 바깥쪽 모두 테이프로 붙여야
튼튼해요.

04

뒷면에 숫자가 적힌 도안을 모두 준비해요. 같은 숫자끼리 마주 보게 겹치고, 테두리를 투명테이프로 붙여요. 이때 솜을 넣을 구멍은 남겨야 해요.

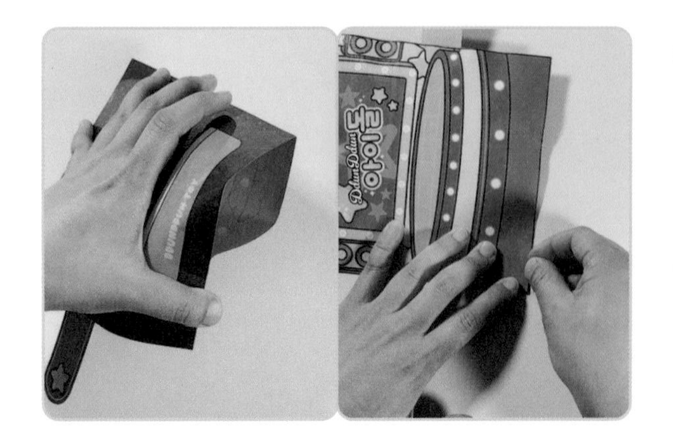

05

구멍 안에 솜을 적당히 넣고, 투명테이프로 구멍을 막아요.

코팅하고 남은 비닐이나 휴지를 넣어도 좋아요.

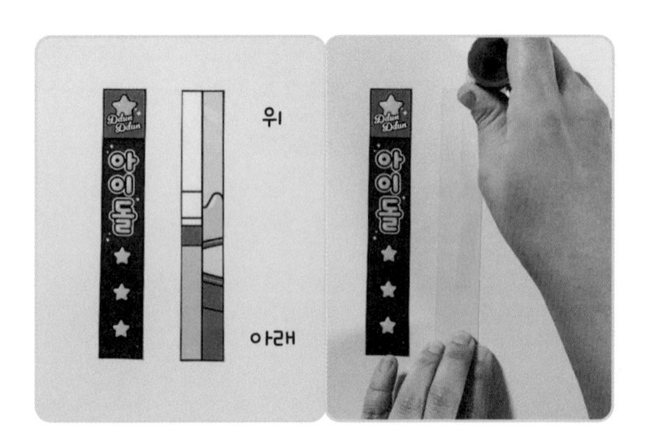

06

책등의 위아래 모양을 잘 확인하고, 책등 뒷면이 서로 마주 보도록 풀로 붙여요.

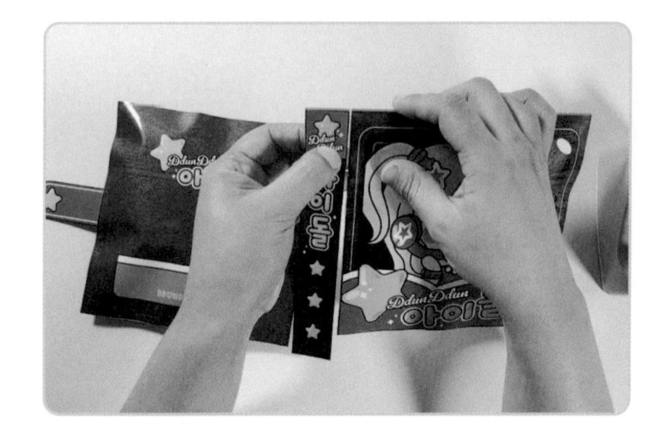

07

책등을 책 앞표지와 뒤표시 가운데에 놓고, 안쪽과 바깥쪽에 투명테이프를 붙여 고정해요.

책등과 표지 사이 간격을 살짝 띄어서 붙이면 책이 잘 접혀요.

08

책등 안쪽에 선이 있어요. 이 선에 맞춰서 남아 있는 스퀴시를 투명테이프로 붙여요.

스퀴시의 안쪽과 바깥쪽 모두 테이프로 붙여야 튼튼해요.

09

책을 꼭 닫을 수 있도록 띠지 안쪽에 벨크로를 붙여요.

벨크로가 없으면 투명 양면테이프를 붙여도 좋아요.

10

테이블 도안 뒷면에 양면테이프를 붙이고, 투명 그림 위에 고정시켜요.

테이블 뒤로 캐릭터가 쏙 들어가요.

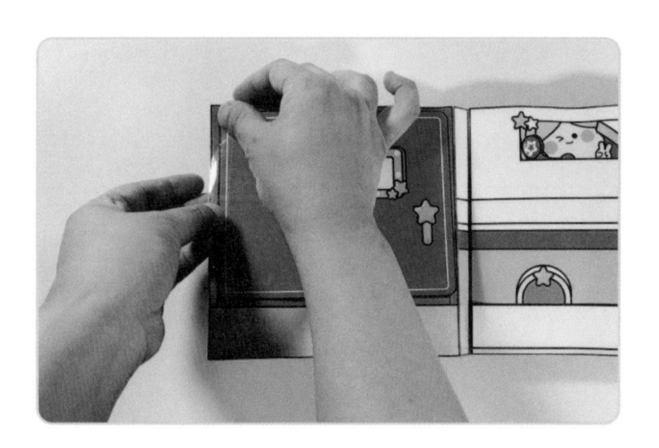

11

옷장 문을 열었다, 닫았다 할 수 있도록 문 왼쪽에만 투명테이프를 붙여요.

문의 안쪽과 바깥쪽 모두 테이프로 붙여야 튼튼해요.

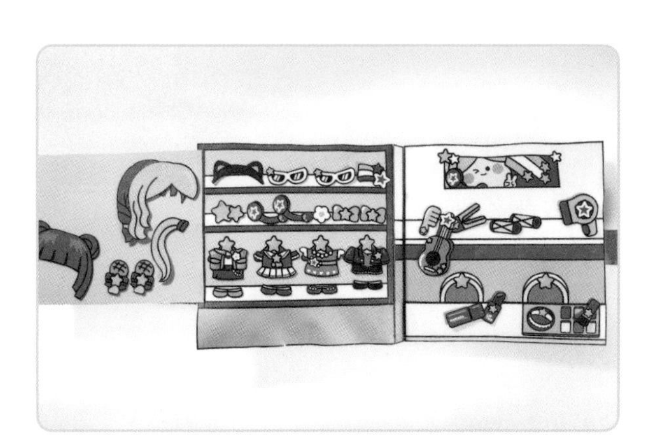

12

소품 도안 뒷면에 투명 양면테이프를 붙인 다음, 책에다가 정리해요.

13

투명한 방송실 데스크 그림 위에 같은 그림의 도안을 겹쳐요. 그리고 데스크의 왼쪽과 아래쪽에만 투명테이프를 붙여요.

데스크 뒤로 캐릭터가 쏙 들어가요.

14

소품 도안 뒷면에 투명 양면테이프를 붙인 다음, 책에다가 정리해요.

15

뒤표지의 투명한 주머니 그림 위에 같은 그림의 도안을 겹쳐요. 그리고 주머니의 왼쪽, 오른쪽, 아래쪽에만 투명테이프를 붙여요.

16

투명 양면테이프를 이용해 캐릭터 옷을 입히고, 머리를 붙여요.

캐릭터 뒷면에 투명 양면테이프를 붙이고, 주머니에 쏙 넣어 보관해요.

17

깜찍 발랄 아이돌 스퀴시북 완성! 여기저기 캐릭터와 소품들을 붙이며 가장 멋진 아이돌이 되어 보아요.

학교 종이 땡땡땡~ 어서 모이자! 선생님 스퀴시북

진구는 뜬뜬 초등학교 말썽꾸러기 삼총사의 담임 선생님이에요.
오늘 특별히 뜬이를 일일 교사로 초대했답니다. 과연 학교에서는 어떤 일들이 벌어질까요?

만들기 재료

재미있게 만들어요!

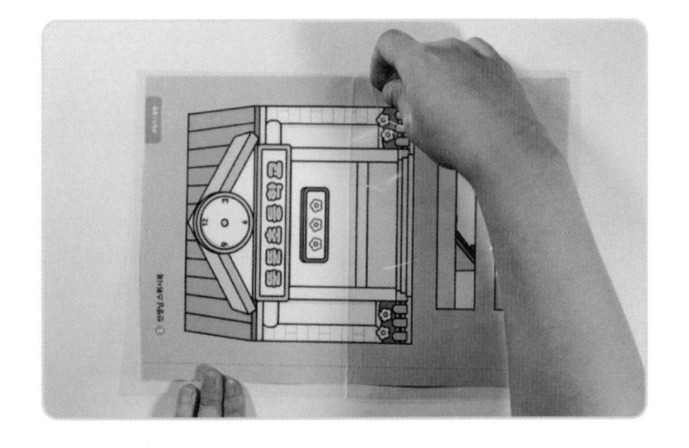

01

도안에 나와 있는 기호를 참고하여 코팅해요.

헷갈린다면 9쪽의 만들기 기호 설명을 다시 읽어 보세요.

02

코팅한 도안을 예쁘게 오려요.

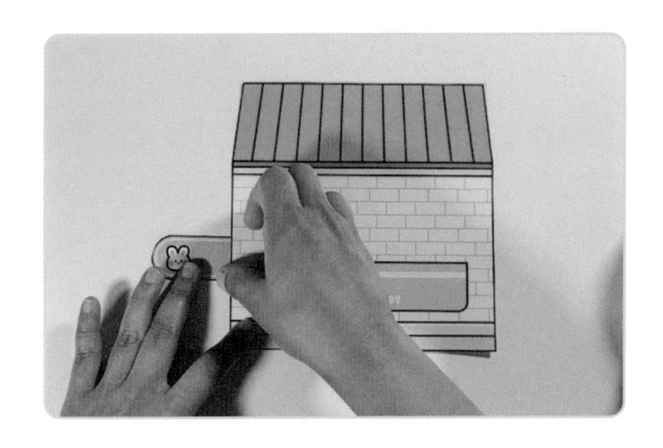

03

뒷면에 3+가 적힌 도안과 책 띠지를 준비해요. 띠지의 작은 점을 도안에 맞추고, 투명테이프로 도안과 띠지를 연결해요.

띠지의 안쪽과 바깥쪽 모두 테이프로 붙여야 튼튼해요.

04

뒷면에 숫자가 적힌 도안을 모두 준비해요. 같은 숫자끼리 마주 보게 겹치고, 테두리를 투명테이프로 붙여요. 이때 손을 넣을 구멍은 남겨야 해요.

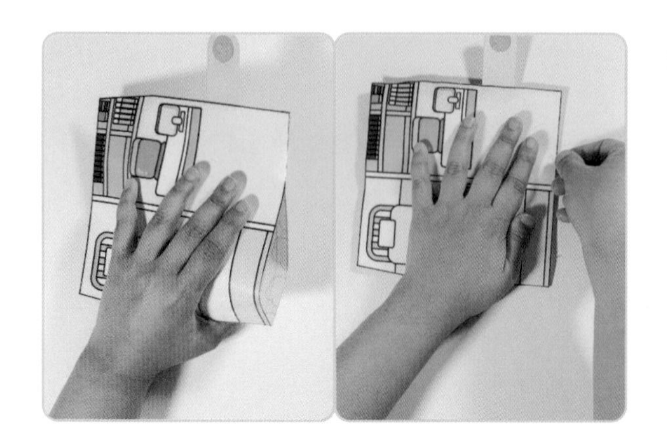

05

구멍 안에 솜을 적당히 넣고, 투명테이프로 구멍을 막아요.

 코팅하고 남은 비닐이나 휴지를 넣어도 좋아요.

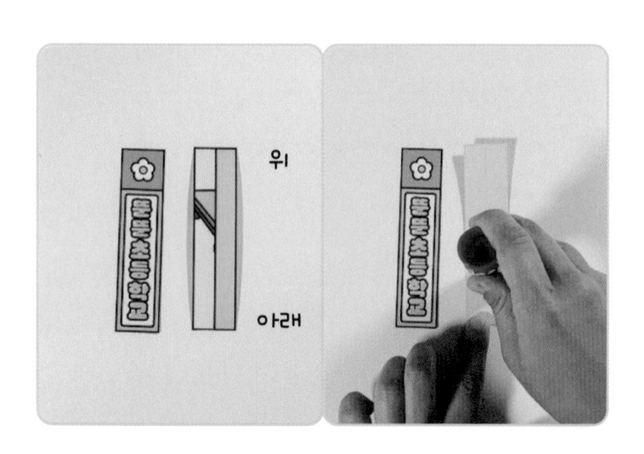

06

책등의 위아래 모양을 잘 확인하고, 책등 뒷면이 서로 마주 보도록 풀로 붙여요.

07

책등을 책 앞표지와 뒤표지 가운데에 놓고, 안쪽과 바깥쪽에 투명테이프를 붙여 고정해요.

 책등과 표지 사이 간격을 살짝 띄어서 붙이면 책이 잘 접혀요.

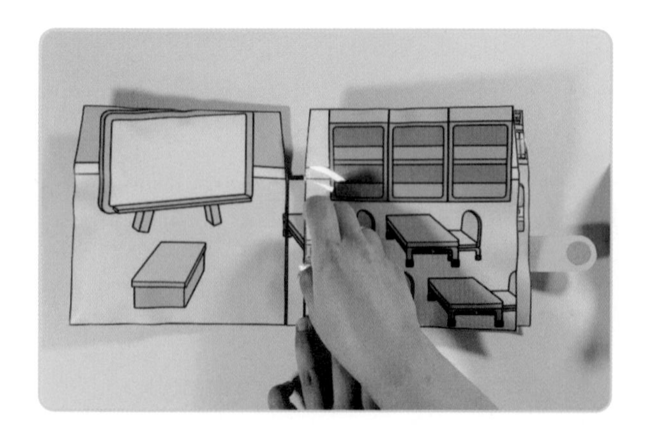

08

책등 안쪽에 선이 있어요. 이 선에 맞춰서 남아 있는 스퀴시를 투명테이프로 붙여요.

 스퀴시의 안쪽과 바깥쪽 모두 테이프로 붙여야 튼튼해요.

09

책을 꼭 닫을 수 있도록 띠지 안쪽에 벨크로를 붙여요.

벨크로가 없으면 투명 양면테이프를 붙여도 좋아요.

10

출입문을 반으로 잘라요. 그리고 문을 열었다, 닫았다 할 수 있도록 문의 왼쪽과 오른쪽에만 투명 테이프를 붙여요.

문의 안쪽과 바깥쪽 모두 테이프로 붙여야 튼튼해요.

11

시곗바늘 도안 뒷면에 투명 양면테이프를 붙이고, 시계에 고정시켜요.

12

투명테이프로 교탁과 책상을 붙여요. 이때 교탁은 오른쪽과 아래쪽에만, 책상은 왼쪽과 아래쪽에만 테이프를 붙여요.

교탁과 책상 뒤로 캐릭터가 쏙 들어가요.

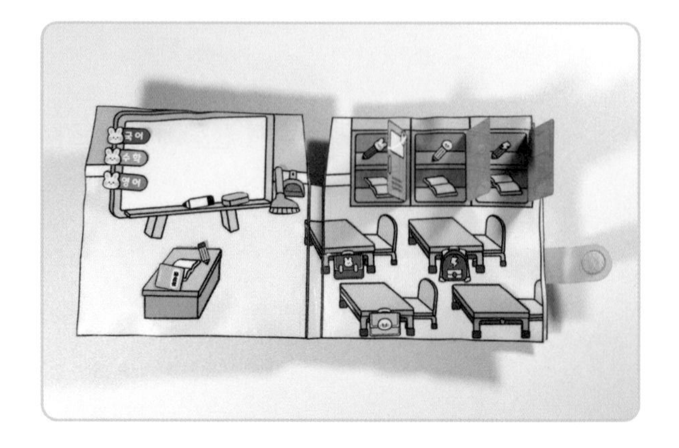

13

사물함 문을 열었다, 닫았다 할 수 있도록 문 오른쪽에만 투명테이프를 붙여요. 그다음 소품 도안 뒷면에 투명 양면테이프를 붙이고, 책에다가 정리해요.

문의 안쪽과 바깥쪽 모두 테이프로 붙여야 튼튼해요.

14

급식실 식탁과 보건실 책상 도안 뒷면에 양면테이프를 붙이고, 투명 그림 위에 고정시켜요.

식탁과 책상 뒤로 캐릭터가 쏙 들어가요.

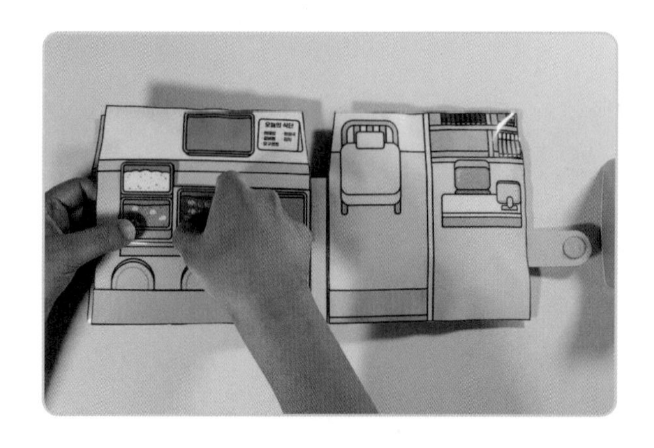

15

투명한 배식대 그림 위에 같은 그림의 도안을 겹쳐요. 그리고 배식대의 왼쪽과 오른쪽, 아래쪽에만 투명테이프를 붙여요.

배식대 뒤로 캐릭터가 쏙 들어가요.

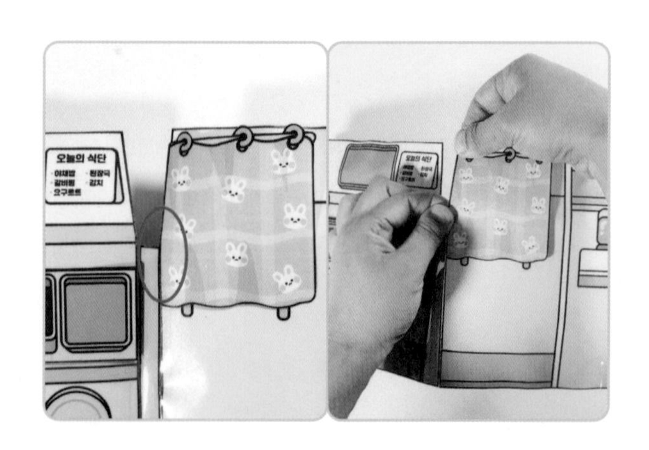

16

커튼 왼쪽의 뾰족한 부분을 책에 맞춰요. 커튼을 열었다, 닫았다 할 수 있도록 커튼 왼쪽의 상단 부분에만 투명테이프를 감싸듯 붙여요.

커튼이 자꾸 열리면 커튼 안쪽에 투명 양면테이프를 붙여요.

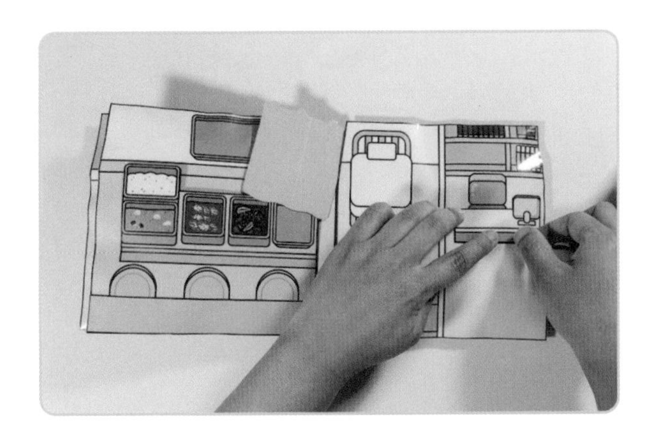

17

투명한 도서관 책상 그림 위에 같은 그림의 도안을 겹쳐요. 그리고 책상의 왼쪽과 오른쪽, 아래쪽에만 투명테이프를 붙여요.

책상 뒤로 캐릭터가 쏙 들어가요.

18

소품 도안 뒷면에 투명 양면테이프를 붙인 다음, 책에다가 정리해요.

19

뒤표지의 투명한 주머니 그림 위에 같은 그림의 도안을 겹쳐요. 그리고 주머니의 왼쪽, 오른쪽, 아래쪽에만 투명테이프를 붙여요. 마지막으로 투명 양면테이프를 이용해 캐릭터 옷을 입혀요.

캐릭터 뒷면에 투명 양면테이프를 붙이고,
주머니에 쏙 넣어 보관해요.

20

아이들과 함께여서 행복한 선생님 스퀴시북 완성! 여기저기 캐릭터와 소품들을 붙이며 다정한 선생님이 되어 보아요.

으라차차! 만능 스포츠맨은 바로 나! 운동선수 종이놀이북

포포와 하니는 동네에서 운동을 잘하기로 소문난 친구들이에요. 누가 가장 운동에 재능이 있는지 곧 대결을 펼친다고 해요! 어떤 친구가 이길지 함께 구경하러 가 볼까요?

만들기 재료

01

도안에 나와 있는 기호를 참고하여 코팅해요.

헷갈린다면 9쪽의 만들기 기호 설명을 다시 읽어 보세요.

02

코팅한 도안을 예쁘게 오려요.

03

뒷면에 숫자가 적힌 도안을 준비해요. 뒷면에 풀을 바르고, 같은 숫자끼리 마주 보게 붙여요.

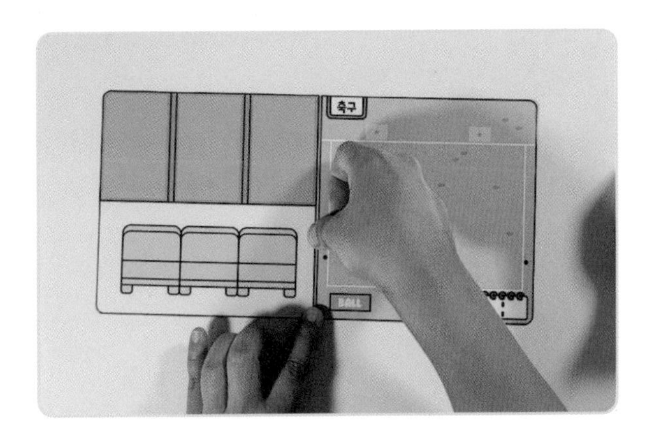

04

앞서 붙인 1, 2 도안을 나란히 놓고, 가운데를 투명테이프로 연결해요. 남은 도안도 뒤에 이어 붙여요.

두 도안 사이에 살짝 틈이 있게 붙이면 책이 잘 접혀요.

05

연결한 도안을 덮고, 책등에 투명테이프를 감싸듯 붙여서 튼튼하게 만들어요.

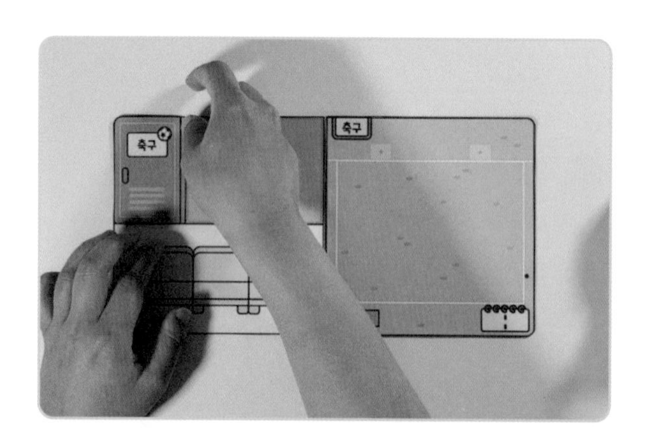

06

사물함 문을 열었다, 닫았다 할 수 있도록 문 오른쪽에만 투명테이프를 붙여요.

문의 안쪽과 바깥쪽 모두 테이프로 붙여야 튼튼해요.

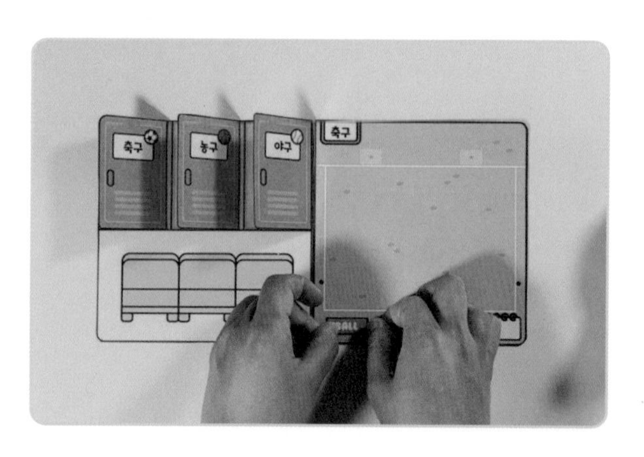

07

투명한 공 주머니 그림 위에 같은 그림의 도안을 겹쳐요. 그리고 도안의 왼쪽과 오른쪽, 아래쪽에만 투명테이프를 붙여요.

주머니 안으로 공이 쏙 들어가요.

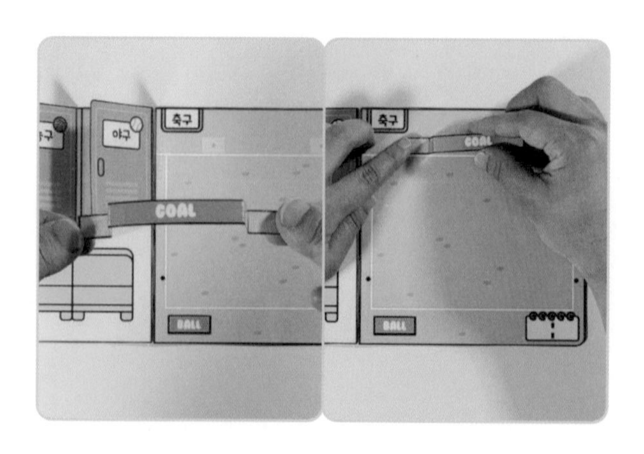

08

축구 골대의 점선을 따라 접어요. 그리고 양면테이프로 골대 도안 뒷면의 ★과 책 도안의 ★ 부분을 맞추어 붙여요.

책을 덮을 때는 골대를 왼쪽이나 오른쪽으로 밀어서 접어요.

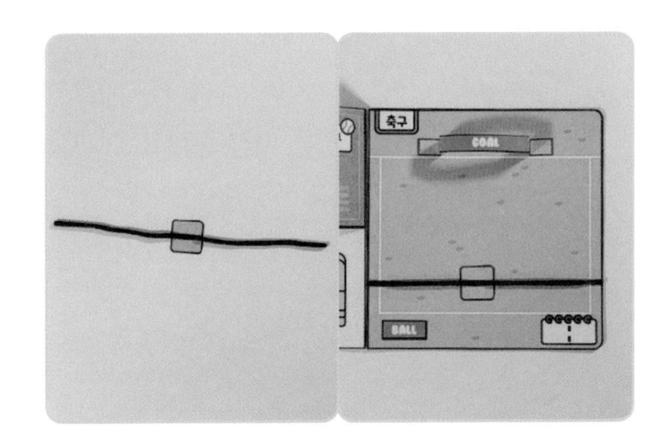

09

투명테이프로 받침대 위에 끈을 붙여요. 그리고 끈의 양쪽 끝을 도안 속 점에 맞추어 투명테이프로 붙여요.

받침대 위에 공을 올리고 끈을 잡아당기면 골을 넣을 수 있어요.

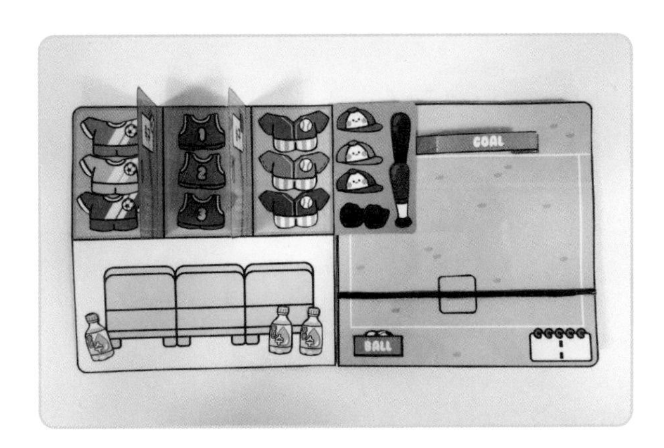

10

소품 도안 뒷면에 투명 양면테이프를 붙인 다음, 책에다가 정리해요.

축구공은 투명 양면테이프를 붙이지 않고, 공 주머니 안에 넣어요.

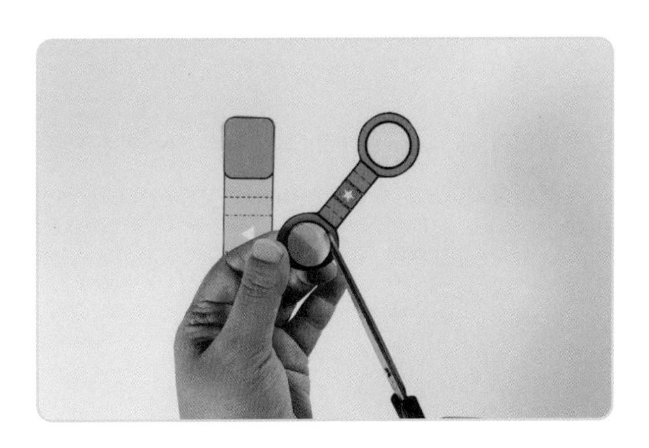

11

가위나 칼을 이용해 농구 골대 안에 구멍을 내요.

칼은 위험하니까 어른의 도움을 받아요!

12

농구 골대의 점선을 따라 접어요. 그리고 골대 링이 마주 보도록 풀로 붙여요.

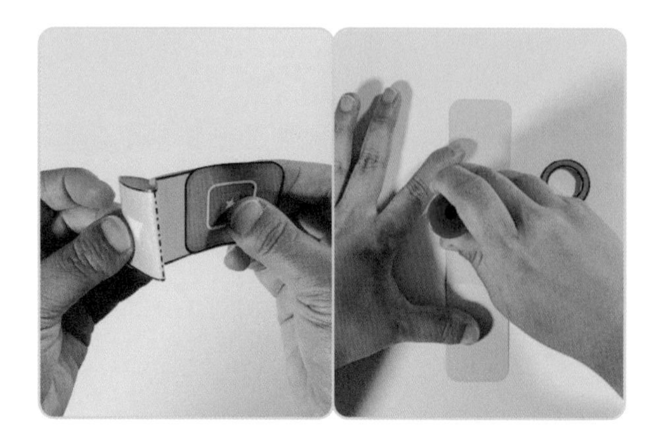

13

농구 골대 기둥의 점선을 따라 접어요. 그리고 넓은 부분이 마주 보도록 풀로 붙여요.

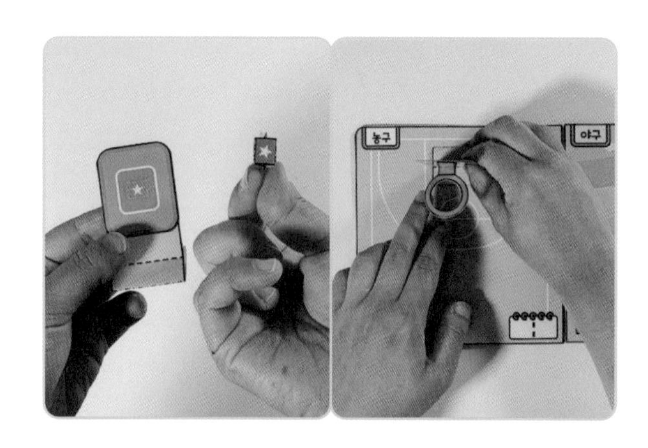

14

양면테이프로 도안의 ★은 ★끼리, △는 △끼리 맞추어 붙여요.

책을 덮을 때는 골대를 아래쪽으로 밀어서 접어요.

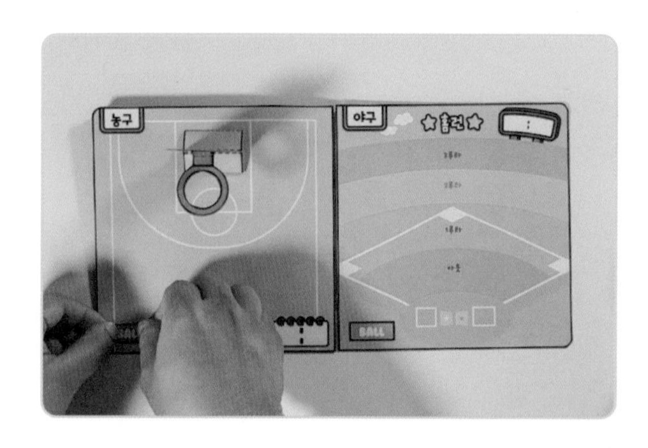

15

투명한 공 주머니 그림 위에 같은 그림의 도안을 겹쳐요. 그리고 도안의 왼쪽과 오른쪽, 아래쪽에만 투명테이프를 붙여요.

농구공은 투명 양면테이프를 붙이지 않고, 공 주머니 안에 넣어요.

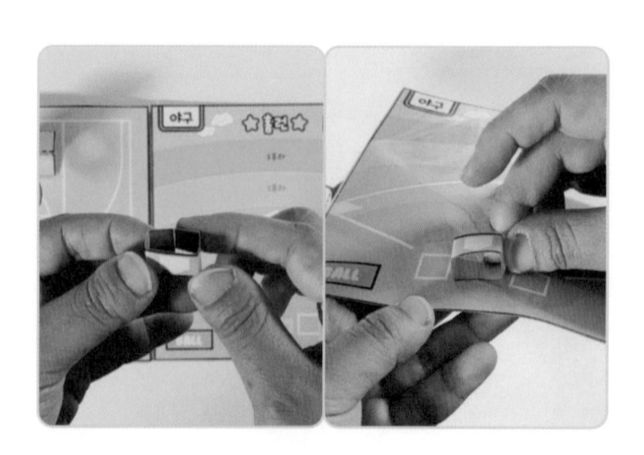

16

홈 플레이트의 점선을 따라 접어요. 양면테이프로 도안의 ☆은 ☆끼리 ★은 ★끼리 맞추어 붙여요.

책을 덮을 때는 홈 플레이트를 왼쪽이나 오른쪽으로 밀어서 접어요.

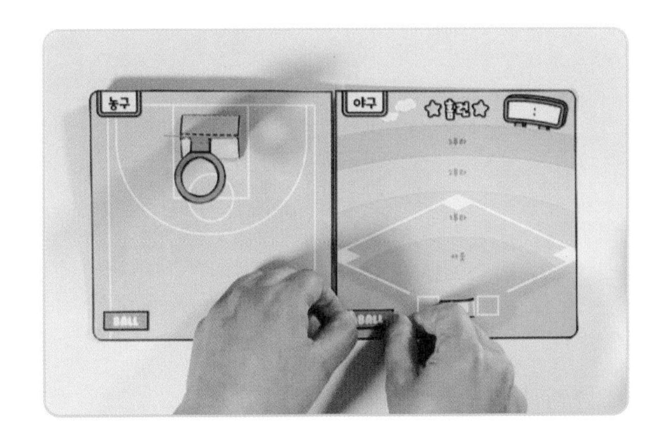

17

투명한 공 주머니 그림 위에 같은 그림의 도안을 겹쳐요. 그리고 도안의 왼쪽과 오른쪽, 아래쪽에만 투명테이프를 붙여요.

야구공은 투명 양면테이프를 붙이지 않고, 공 주머니 안에 넣어요.

18

뒤표지의 투명한 주머니 그림 위에 같은 그림의 도안을 겹쳐요. 그리고 주머니의 왼쪽, 오른쪽, 아래쪽에만 투명테이프를 붙여요.

캐릭터 뒷면에 투명 양면테이프를 붙이고, 주머니에 쏙 넣어 보관해요.

19

몸 튼튼 마음 튼튼 운동선수 종이놀이북 완성! 여기저기 캐릭터와 소품들을 붙이며 뛰어난 운동선수가 되어 보아요.

파란 하늘 위를 훨훨 날아요~ 비행기 승무원 종이놀이북

"뚠뚠항공 곧 이륙합니다." 두근두근, 제리와 하니가 첫 비행기 여행을 앞두고 있어요.
우리도 상냥한 뚠뚠항공 승무원들과 함께 즐겁고 행복한 여행을 떠나 볼까요?

만들기 재료

재미있게 만들어요!

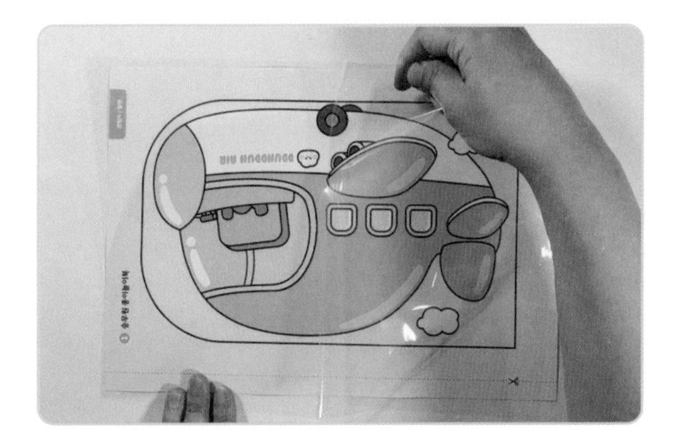

01

도안에 나와 있는 기호를 참고하여 코팅해요.

헷갈린다면 9쪽의 만들기 기호 설명을
다시 읽어 보세요.

02

코팅한 도안을 예쁘게 오려요.

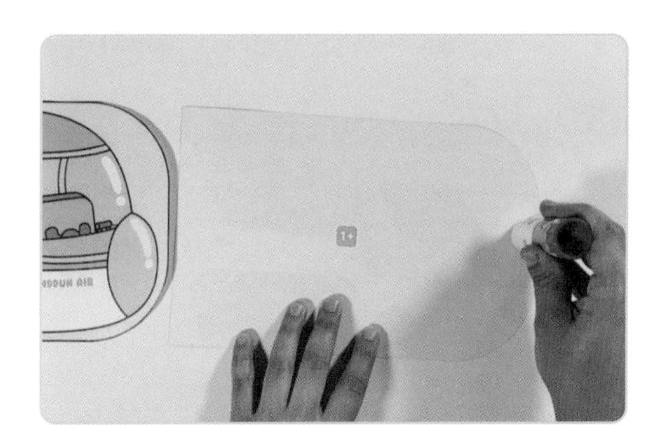

03

뒷면에 숫자가 적힌 도안을 준비해요. 뒷면에 풀을 바르고, 같은 숫자끼리 마주 보게 붙여요.

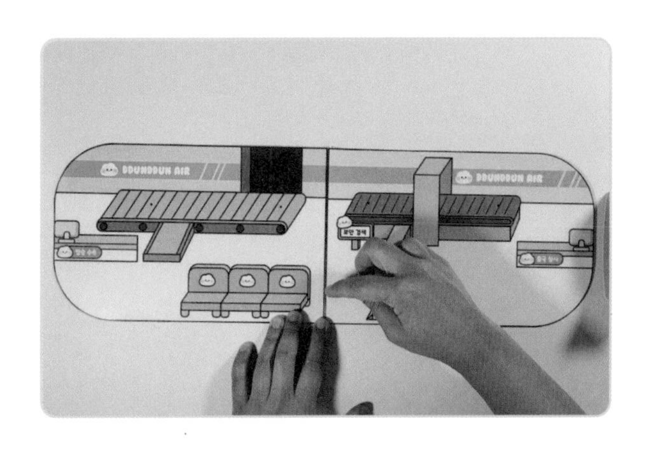

04

앞서 붙인 1, 2 도안을 나란히 놓고, 가운데를 투명테이프로 연결해요. 남은 도안도 뒤에 이어 붙여요.

두 도안 사이에 살짝 틈이 있게 붙이면
책이 잘 접혀요.

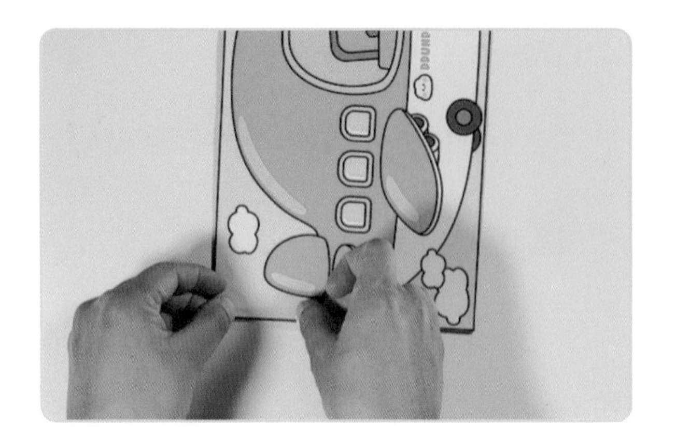

05

연결한 도안을 덮고, 책등에 투명테이프를 감싸듯 붙여서 튼튼하게 만들어요.

06

투명한 조종석 그림 위에 같은 그림의 도안을 겹쳐요. 그리고 조종석의 왼쪽과 오른쪽, 아래쪽에만 투명테이프를 붙여요.

 조종석 뒤로 캐릭터가 쏙 들어가요.

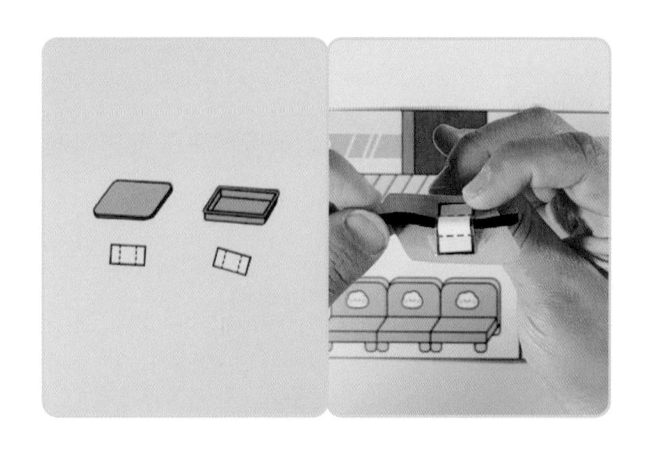

07

투명테이프로 레일 판과 바구니 도안 뒷면에 흰색 도안을 붙여요. 이때 흰색 도안 중간에 공간이 생기도록 만들고, 그 구멍 안으로 끈을 쏙 넣어요.

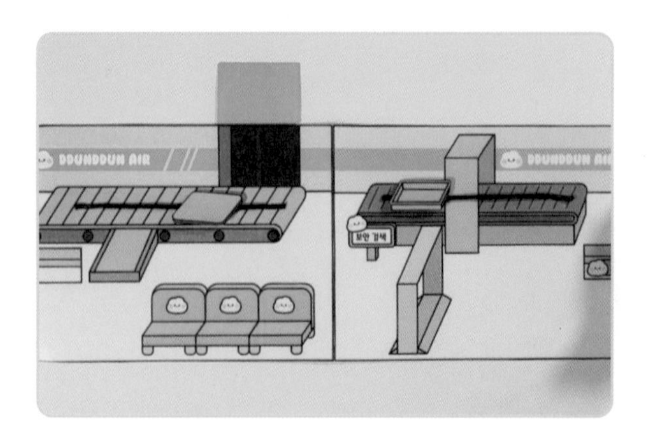

08

끈의 양쪽 끝을 도안 속 점에 맞추어 투명테이프로 붙여요. 그다음 레일 끝에 있는 문을 열었다, 닫았다 할 수 있도록 문 위쪽에만 투명테이프를 붙여요.

 튀어나온 끈은 가위로 깔끔하게 잘라요.

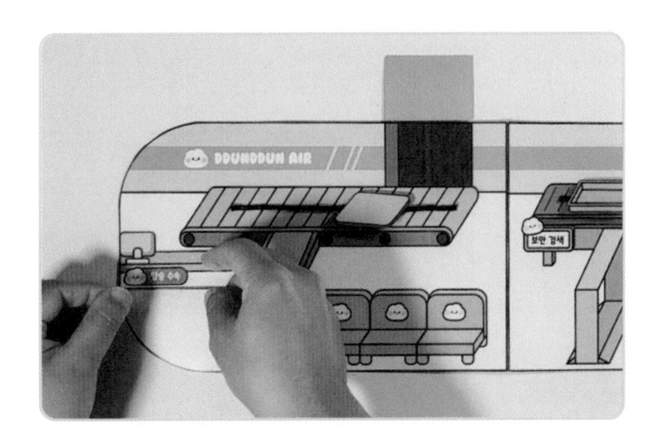

09

투명한 탑승 수속 데스크 그림 위에 같은 그림의 도안을 겹쳐요. 그리고 데스크의 왼쪽과 오른쪽, 아래쪽에만 투명테이프를 붙여요.

오른쪽에 있는 출국 심사 데스크도 똑같이 붙여요.

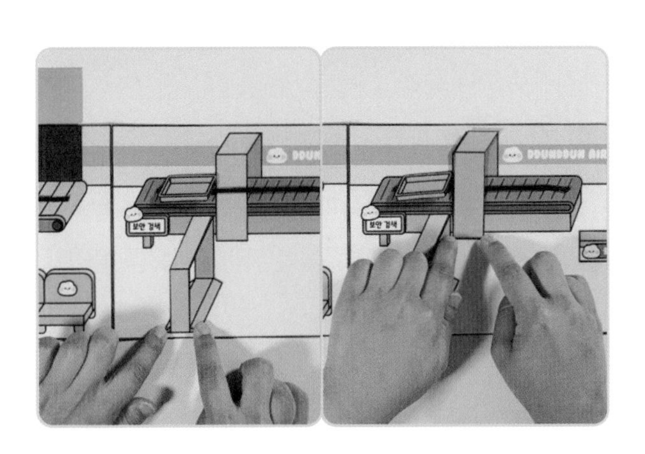

10

투명한 검색대 그림 위에 같은 그림의 도안을 겹쳐요. 그리고 검색대 둘 다 위쪽과 아래쪽에만 투명테이프를 붙여요.

검색대 뒤로 바구니와 캐릭터가 지나갈 수 있어요.

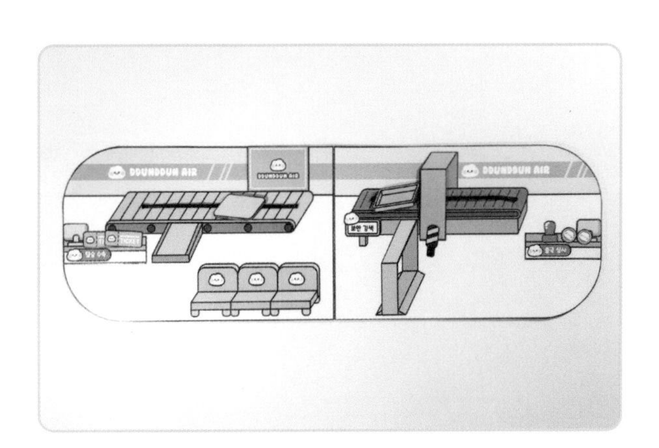

11

소품 도안 뒷면에 투명 양면테이프를 붙인 다음, 책에다가 정리해요.

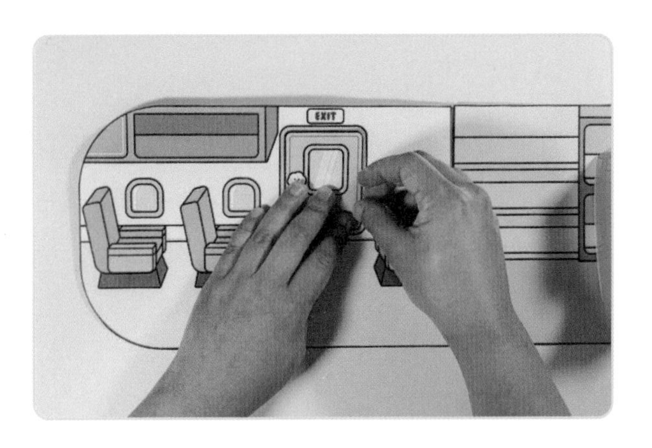

12

출입문을 열었다, 닫았다 할 수 있도록 문 오른쪽에만 투명테이프를 붙여요.

문의 안쪽과 바깥쪽 모두 테이프로 붙여야 튼튼해요.

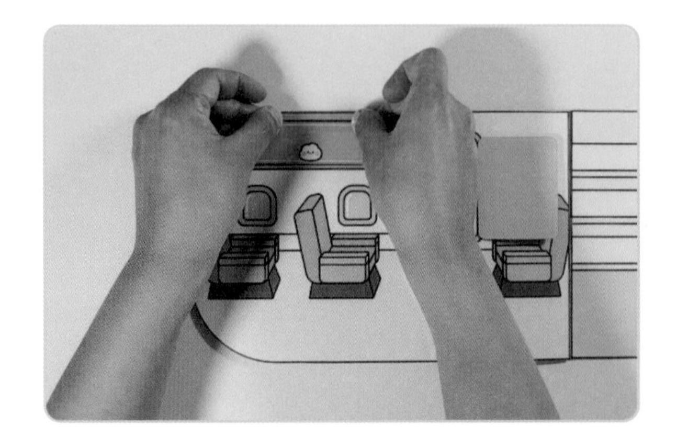

13

보관함 문을 열었다, 닫았다 할 수 있도록 문 위쪽에만 투명테이프를 붙여요.

문의 안쪽과 바깥쪽 모두 테이프로 붙여야 튼튼해요.

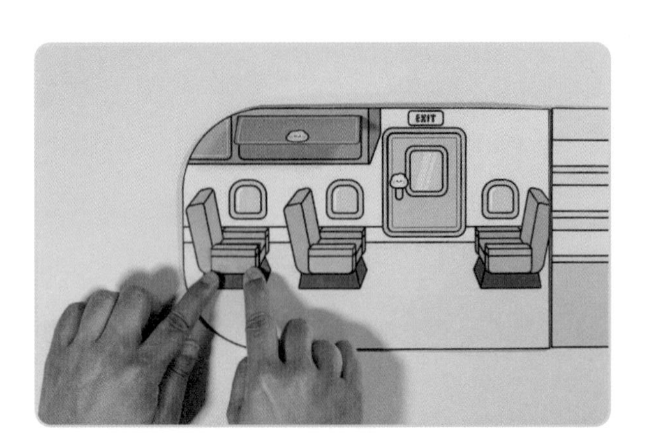

14

투명테이프로 좌석 팔걸이를 붙여요. 이때 왼쪽 좌석 팔걸이는 왼쪽과 아래쪽에만, 오른쪽 좌석 팔걸이는 오른쪽과 아래쪽에만 테이프를 붙여요.

좌석에 캐릭터가 앉을 수 있어요.

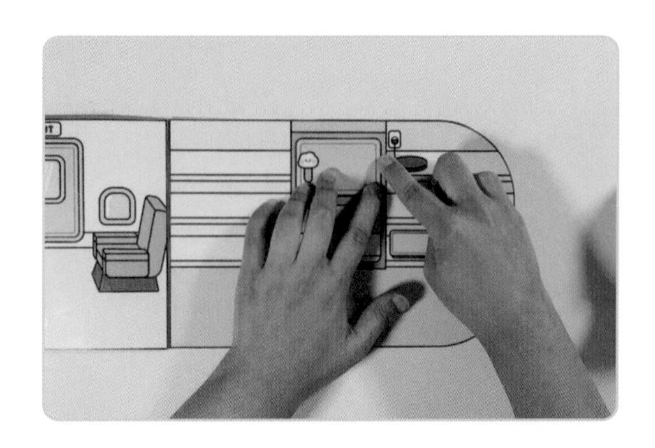

15

수납함 문을 열었다, 닫았다 할 수 있도록 문 둘 다 오른쪽에만 투명테이프를 붙여요.

문의 안쪽과 바깥쪽 모두 테이프로 붙여야 튼튼해요.

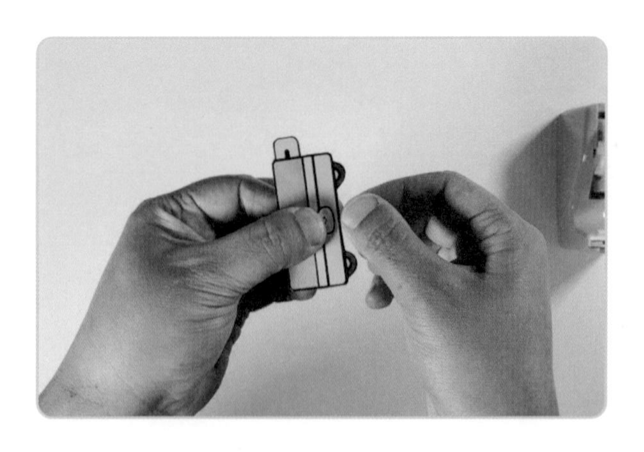

16

카트 도안에 투명한 부분이 있어요. 그 위에 같은 그림의 도안을 겹친 다음 카트의 왼쪽과 오른쪽, 아래쪽에만 투명테이프를 붙여요.

카트 안에 물건을 담을 수 있어요.

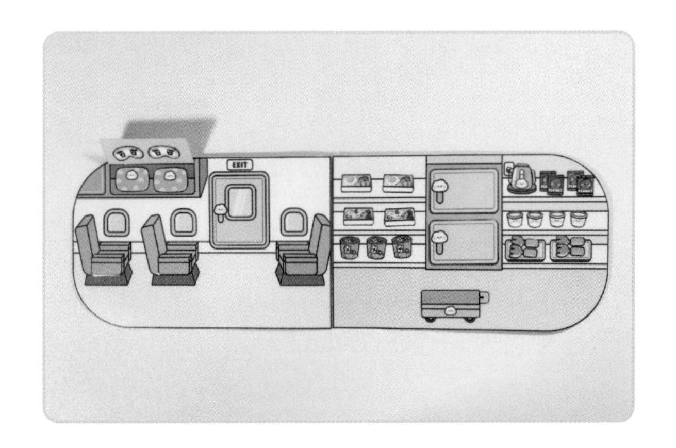

17

소품 도안 뒷면에 투명 양면테이프를 붙인 다음, 책에다가 정리해요.

음료수와 물은 수납함에 보관해요.

18

뒤표지의 투명한 주머니 그림 위에 같은 그림의 도안을 겹쳐요. 그리고 주머니의 왼쪽, 오른쪽, 아래쪽에만 투명테이프를 붙여요.

19

투명 양면테이프를 이용해 캐릭터 옷을 입혀요.

캐릭터 뒷면에 투명 양면테이프를 붙이고,
주머니에 쏙 넣어 보관해요.

20

승객들의 편안한 여행을 도와주는 비행기 승무원 종이놀이북 완성! 여기저기 캐릭터와 소품들을 붙이며 친절한 승무원이 되어 보아요.

세상에 하나뿐인 옷을 만들어요!
패션 디자이너 스퀴시북

곧 있으면 뚠뚠 패션쇼가 열린대요! 이번 패션쇼에는 누구보다 옷을 사랑하는 패션 디자이너가 참여한다고 해요. 얼마나 예쁘고 멋진 옷이 만들어졌는지 함께 구경해 보아요!

만들기 재료

재미있게 만들어요!

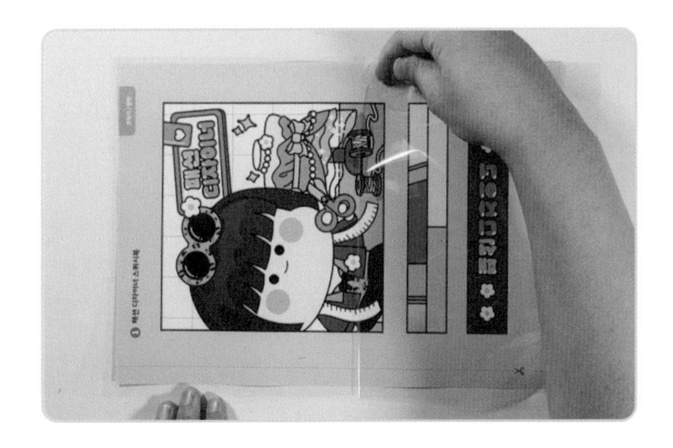

01

도안에 나와 있는 기호를 참고하여 코팅해요.

헷갈린다면 9쪽의 만들기 기호 설명을 다시 읽어 보세요.

02

코팅한 도안을 예쁘게 오려요.

03

뒷면에 3+가 적힌 도안과 책 띠지를 준비해요. 띠지의 작은 점을 도안에 맞추고, 투명테이프로 도안과 띠지를 연결해요.

띠지의 안쪽과 바깥쪽 모두 테이프로 붙여야 튼튼해요.

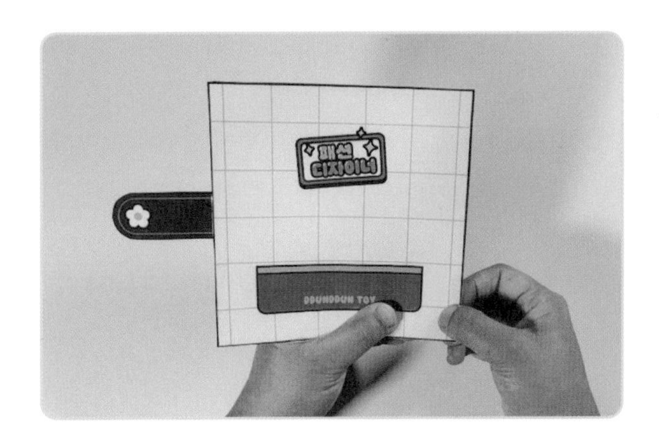

04

뒷면에 숫자가 적힌 도안을 모두 준비해요. 같은 숫자끼리 마주 보게 겹치고, 테두리를 투명테이프로 붙여요. 이때 손을 넣을 구멍은 남겨야 해요.

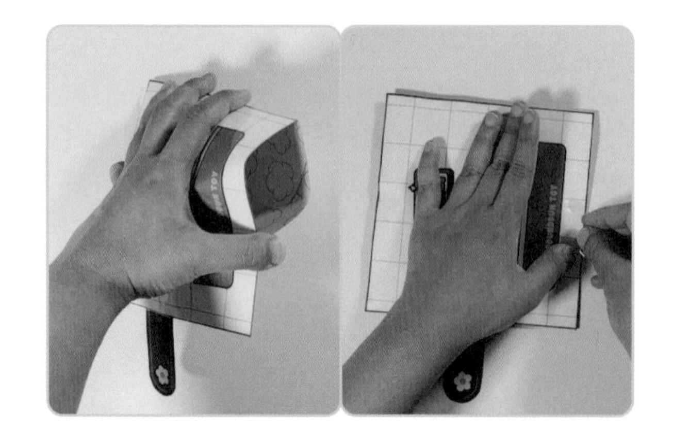

05

구멍 안에 솜을 적당히 넣고, 투명테이프로 구멍을 막아요.

코팅하고 남은 비닐이나 휴지를 넣어도 좋아요.

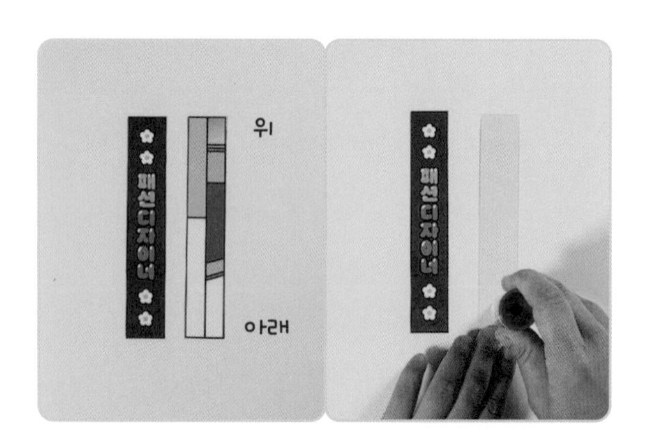

06

책등의 위아래 모양을 잘 확인하고, 책등 뒷면이 서로 마주 보도록 풀로 붙여요.

07

책등을 책 앞표지와 뒤표지 가운데에 놓고, 안쪽과 바깥쪽에 투명테이프를 붙여 고정해요.

책등과 표지 사이 간격을 살짝 띄어서 붙이면 책이 잘 접혀요.

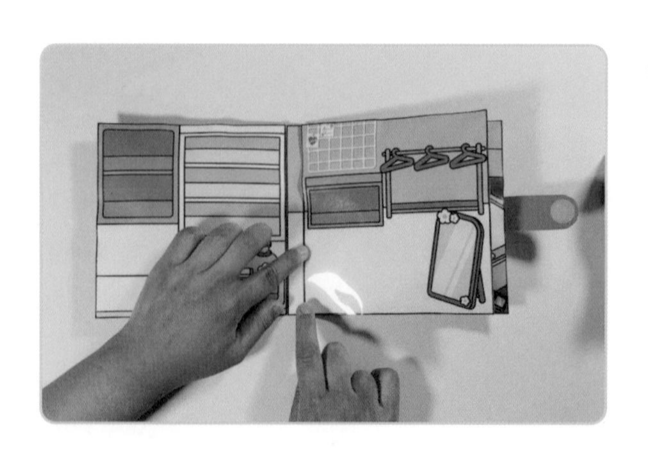

08

책등 안쪽에 선이 있어요. 이 선에 맞춰서 남아 있는 스퀴시를 투명테이프로 붙여요.

스퀴시의 안쪽과 바깥쪽 모두 테이프로 붙여야 튼튼해요.

09

책을 꼭 닫을 수 있도록 띠지 안쪽에 벨크로를 붙여요.

벨크로가 없으면 투명 양면테이프를 붙여도 좋아요.

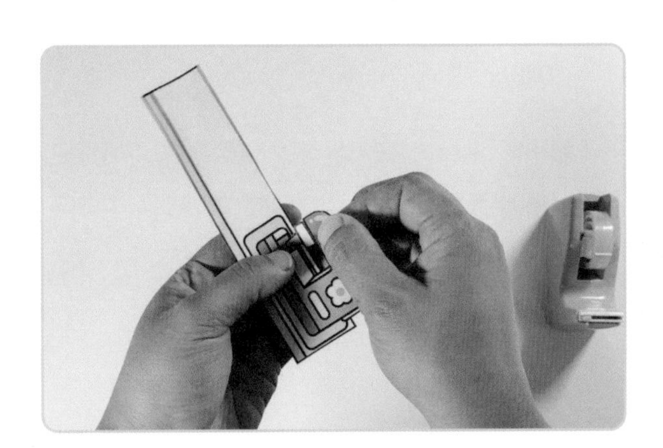

10

투명테이프로 재봉틀에 바늘을 붙여요.

바늘의 안쪽과 바깥쪽 모두 테이프로 붙여야 튼튼해요.

11

책상 도안 뒷면에 양면테이프를 붙인 다음, 투명 그림 위에 고정시켜요.

책상 뒤로 캐릭터가 쏙 들어가요.

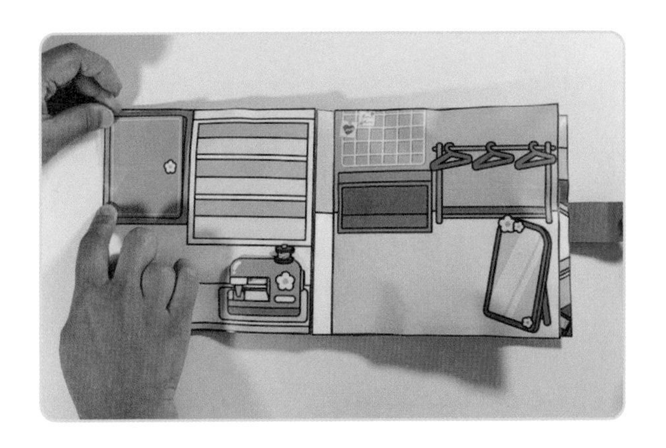

12

옷장 문을 열었다, 닫았다 할 수 있도록 문 왼쪽에만 투명테이프를 붙여요.

문의 안쪽과 바깥쪽 모두 테이프로 붙여야 튼튼해요.

13

소품 도안 뒷면에 투명 양면테이프를 붙인 다음, 책에다가 정리해요.

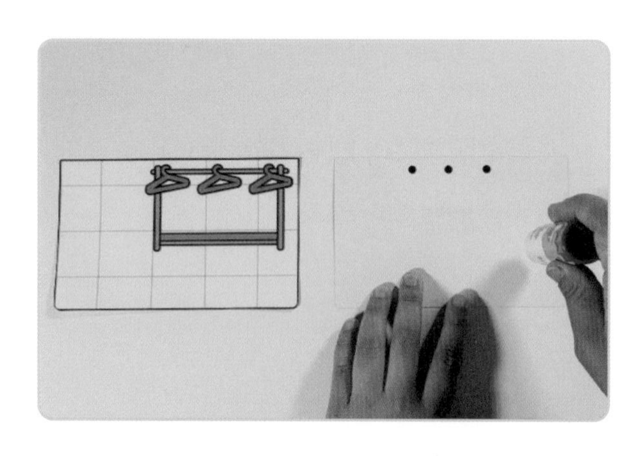

14

뒷면에 도형이 표시된 도안 두 개를 준비해요. 뒷면에 풀을 바르고, 같은 색깔의 도형끼리 마주 보게 붙여요.

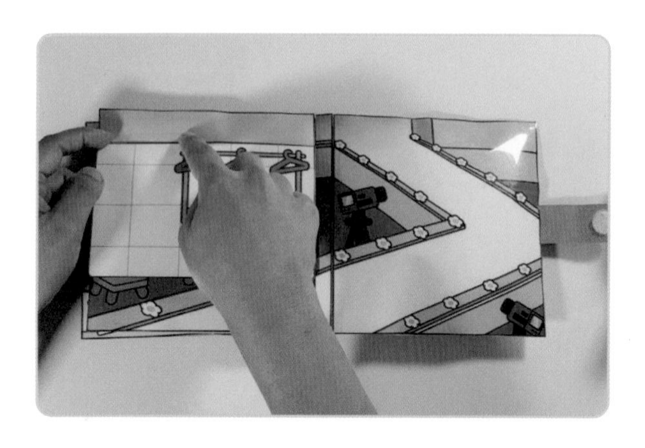

15

앞서 만든 도안을 사진처럼 위쪽 선에 맞춰서 투명테이프로 붙여요.

도안의 안쪽과 바깥쪽 모두 테이프로 붙여야 튼튼해요.

16

뒤표지의 투명한 주머니 그림 위에 같은 그림의 도안을 겹쳐요. 그리고 주머니의 왼쪽, 오른쪽, 아래쪽에만 투명테이프를 붙여요.

투명 양면테이프를 이용해 캐릭터 옷을 입혀요.

캐릭터 뒷면에 투명 양면테이프를 붙이고,
주머니에 쏙 넣어 보관해요.

18

새로운 트렌드를 만드는 패션 디자이너 스퀴시북 완성! 여기저기 캐릭터와 소품들을 붙이며 감각 있는 패션 디자이너가 되어 보아요.

PART 2

뚠뚠토이 직업놀이북 도안

1 경찰관 종이놀이북

1

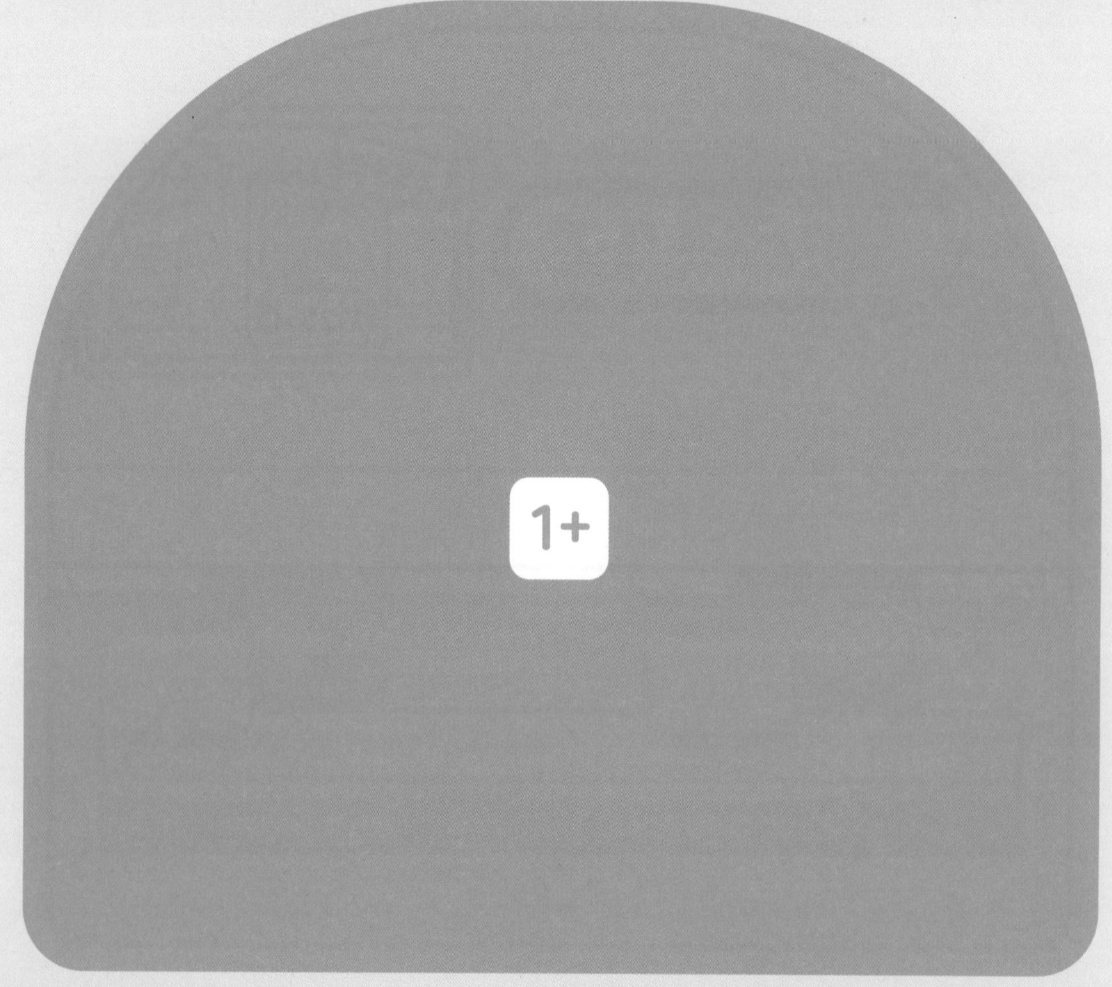
1+

❷ 경찰관 종이놀이북

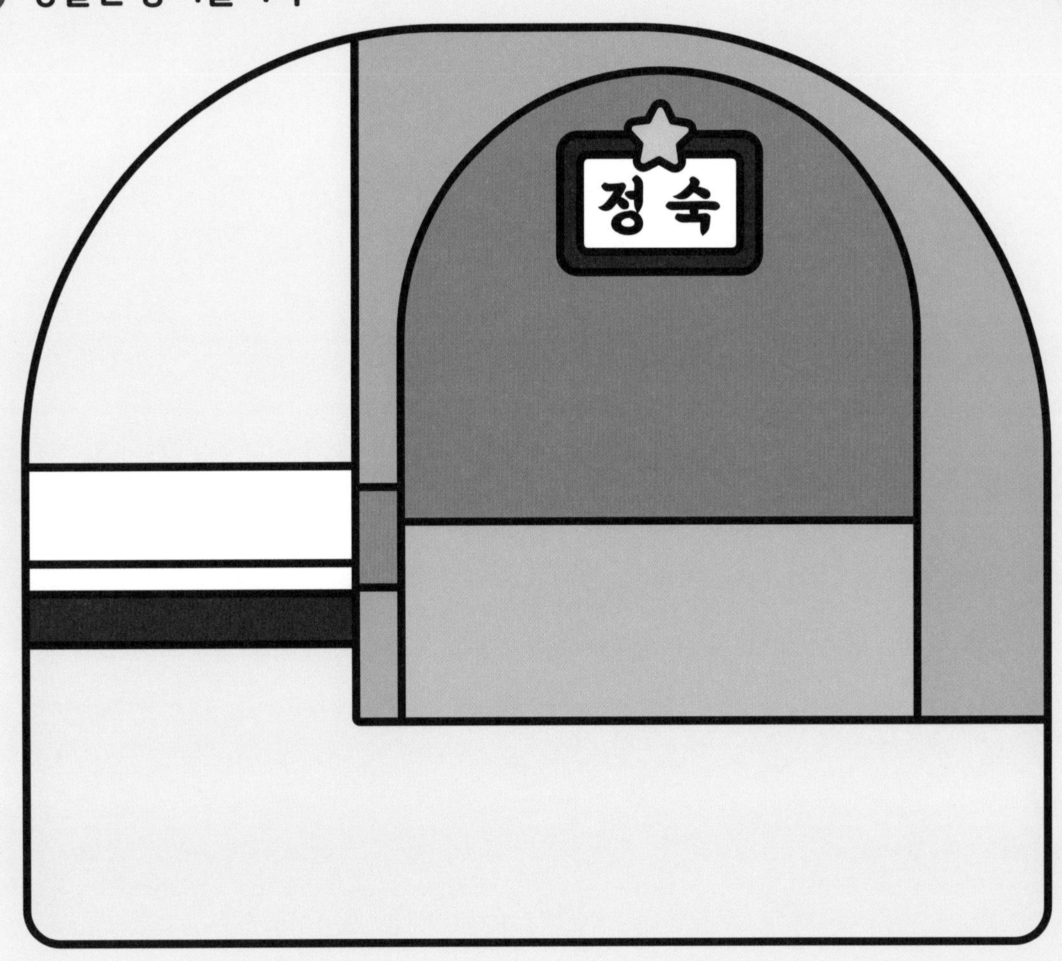

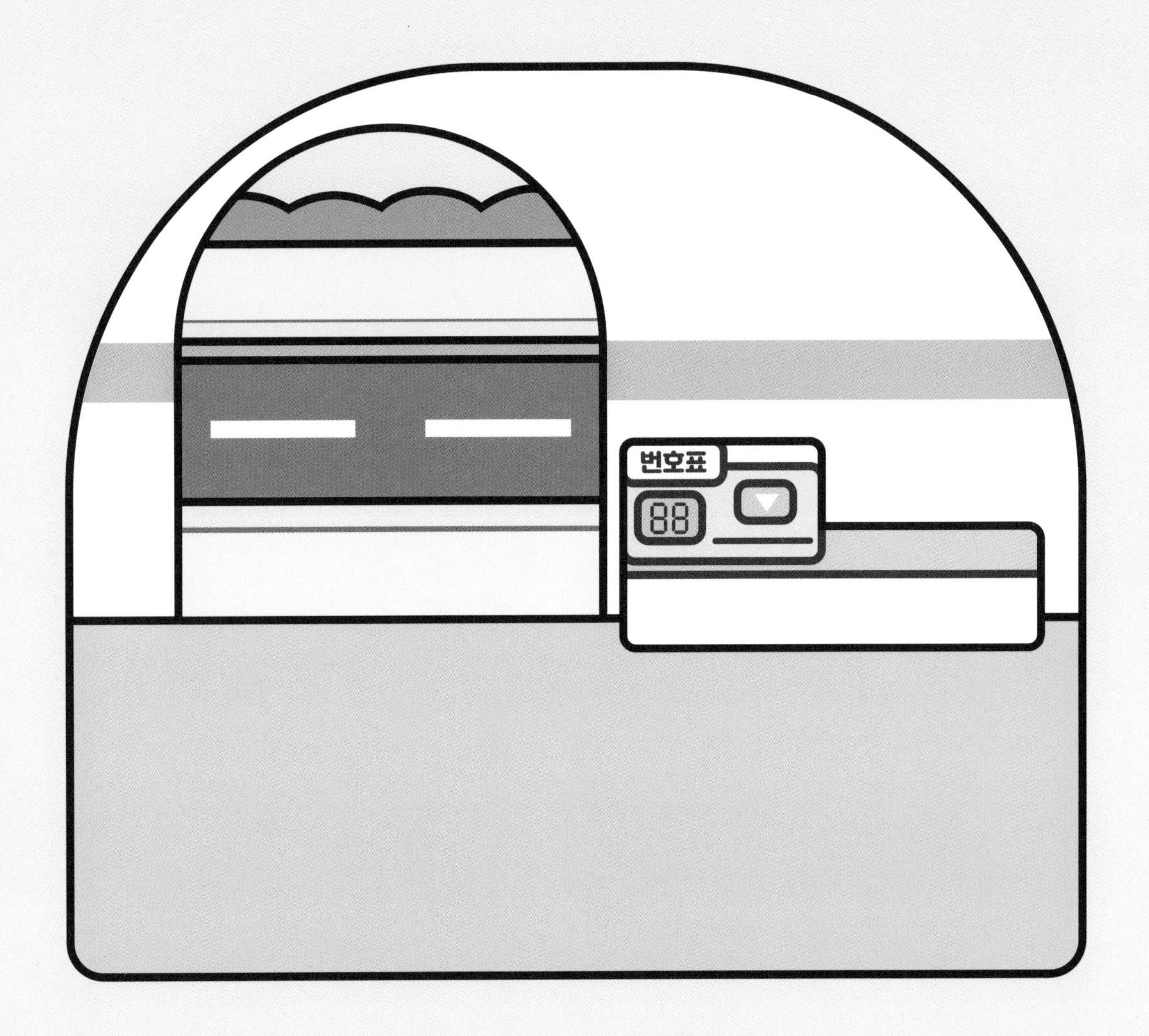

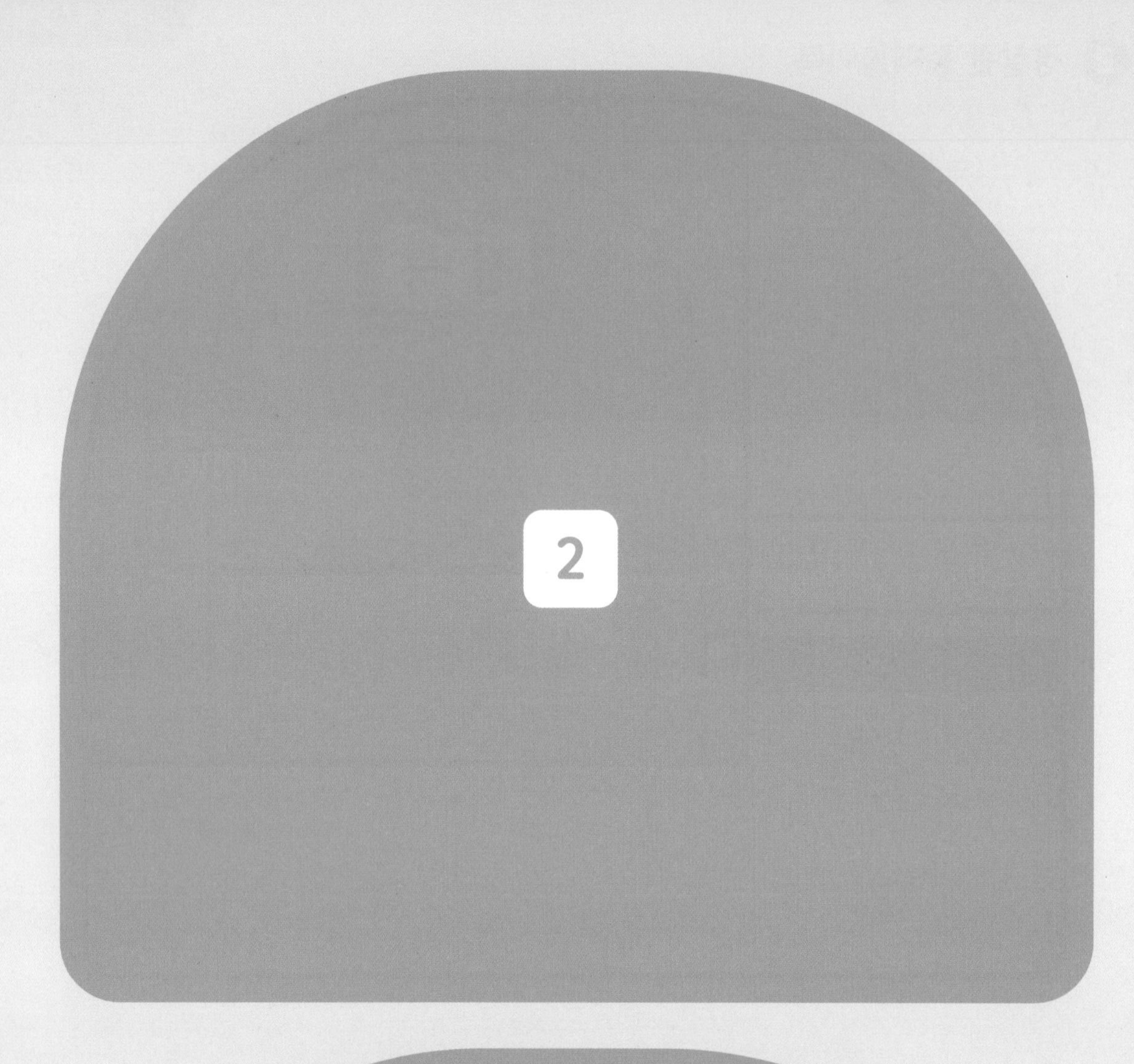
2

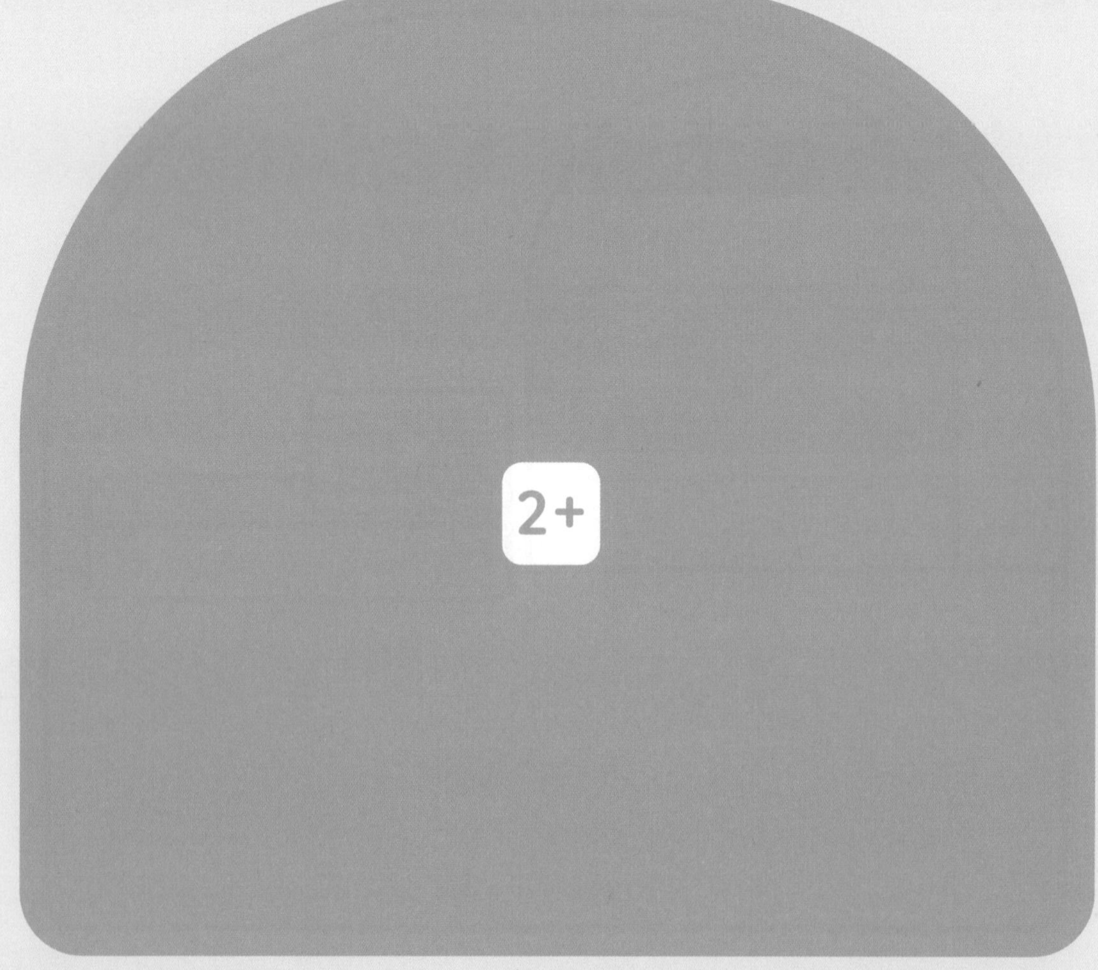
2+

❸ 경찰관 종이놀이북

DDUNDDUN BANK

DDUNDDUN TOY

3

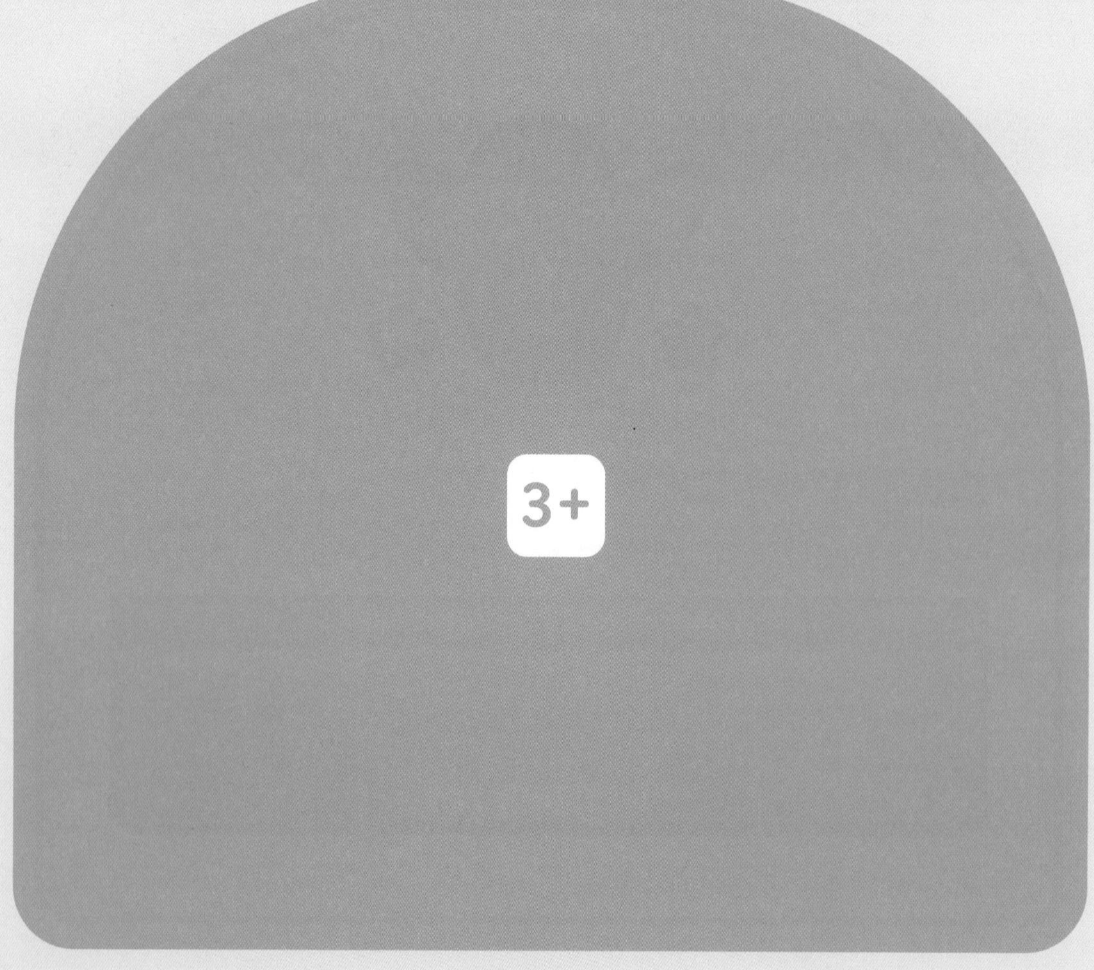
3+

❹ 경찰관 종이놀이북

❺ 경찰관 종이놀이북

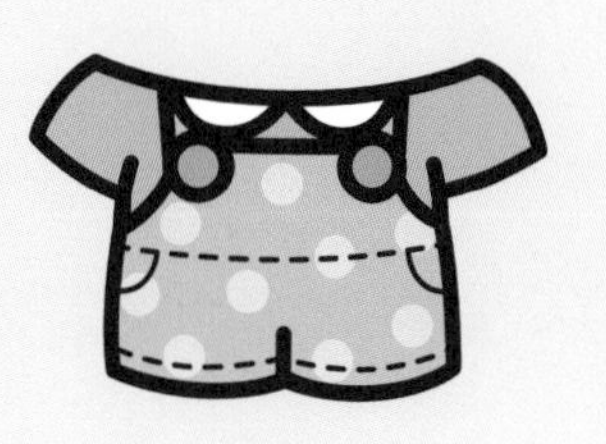

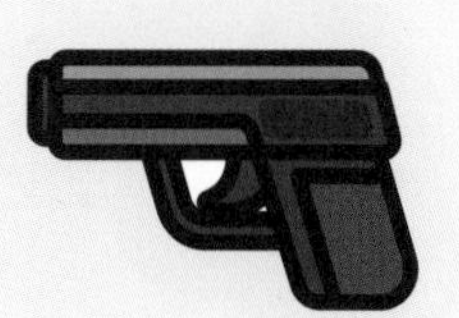

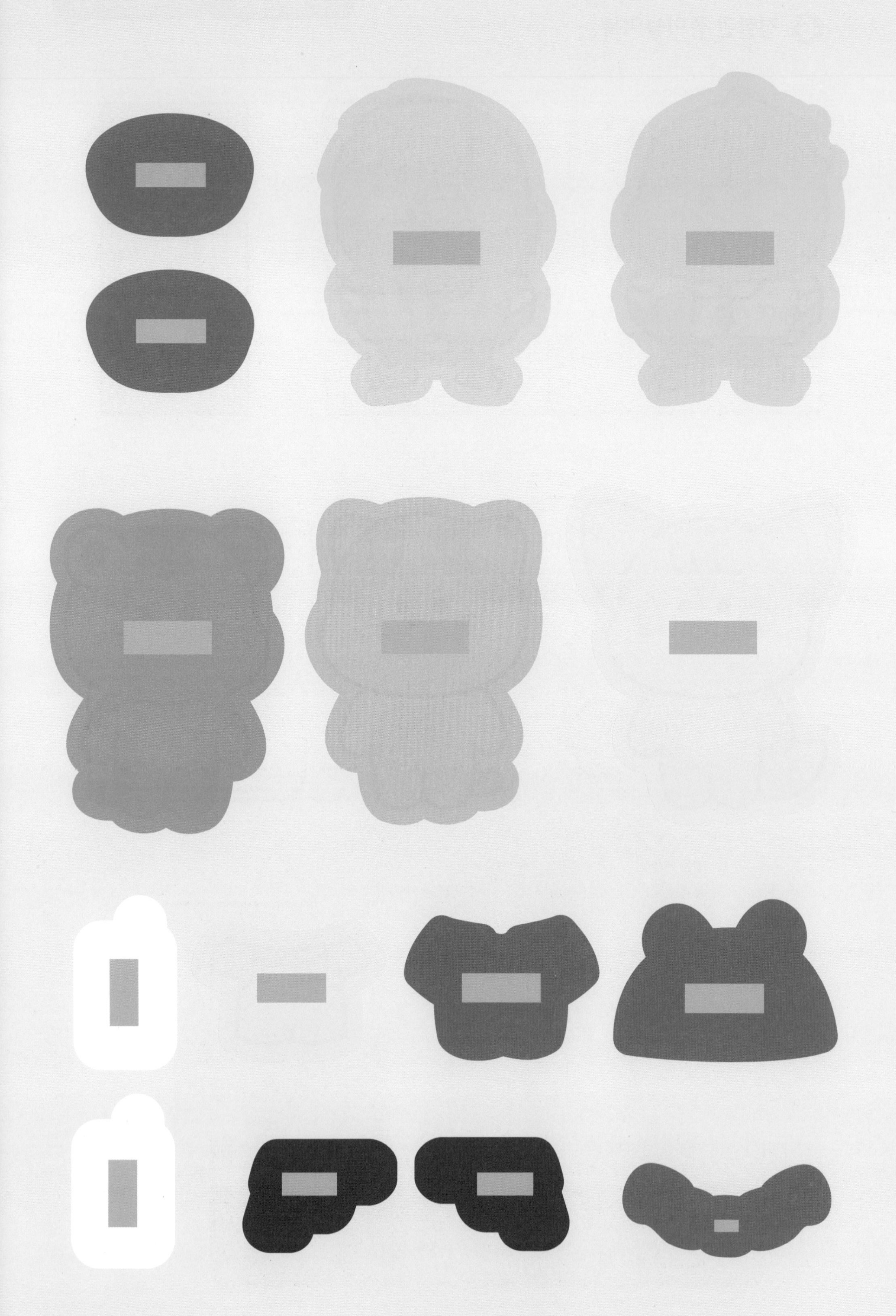

코팅지 / 앞면 박스테이프 / 뒷면

❻ 경찰관 종이놀이북

1 소방관 종이놀이북

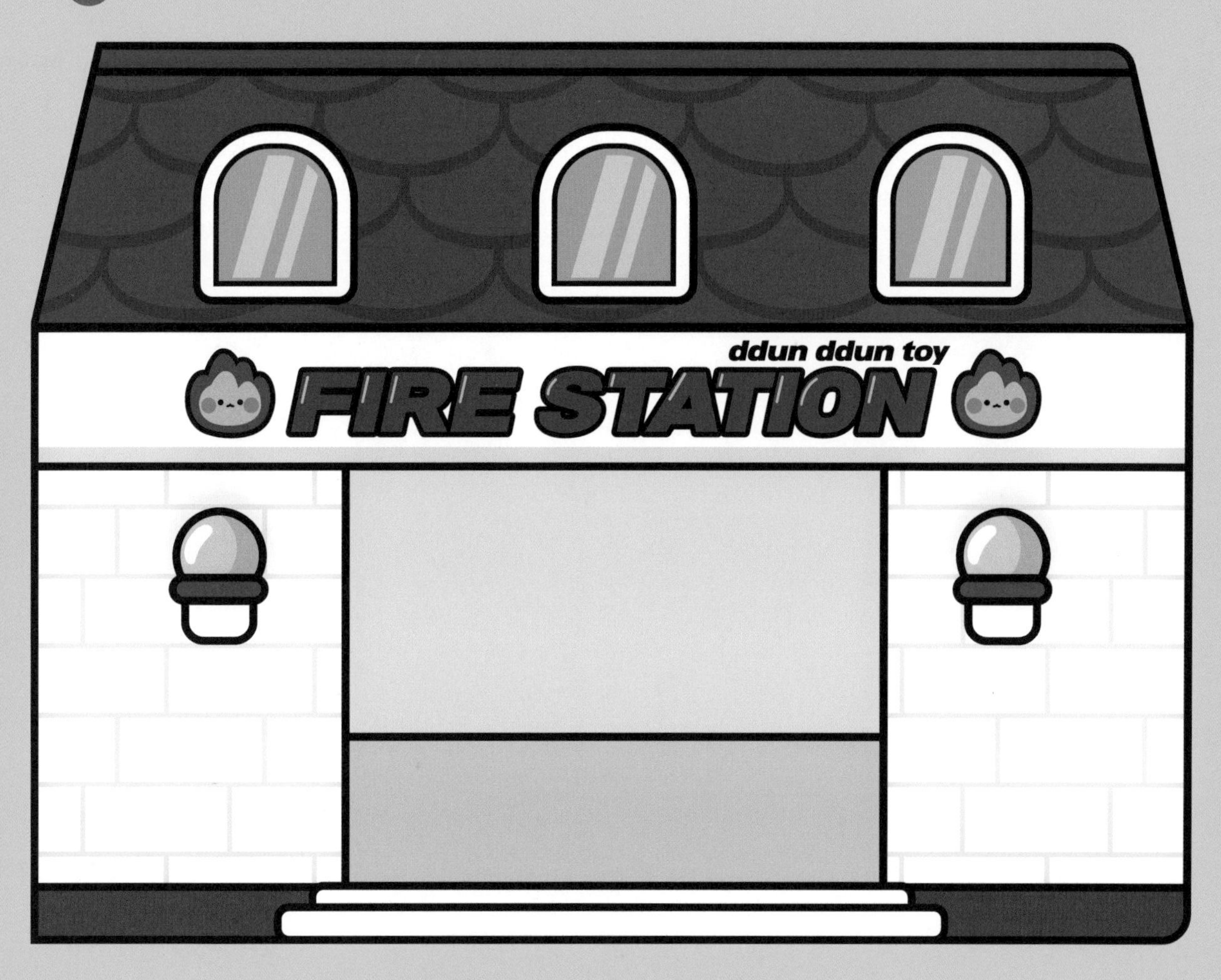

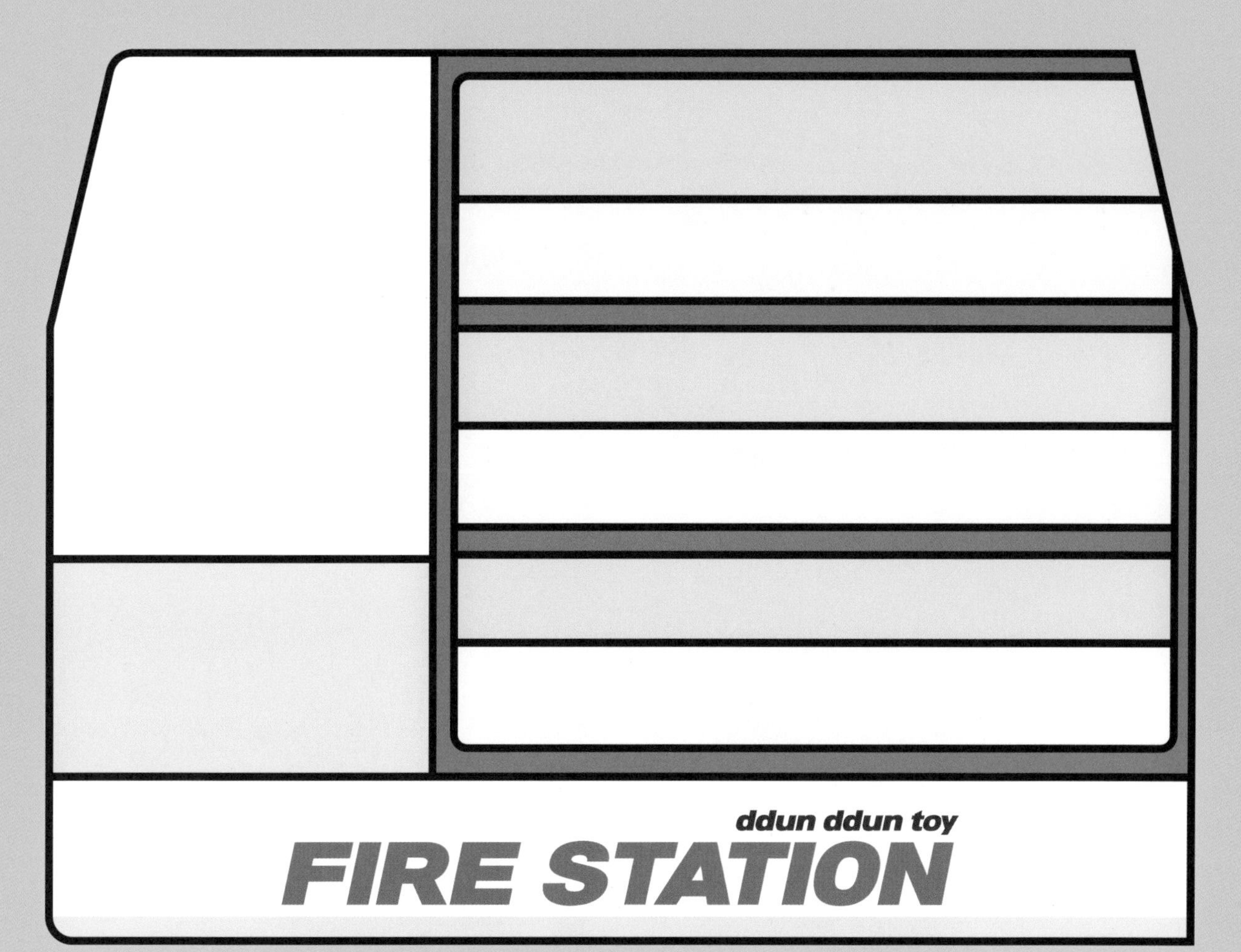

1

1+

2 소방관 종이놀이북

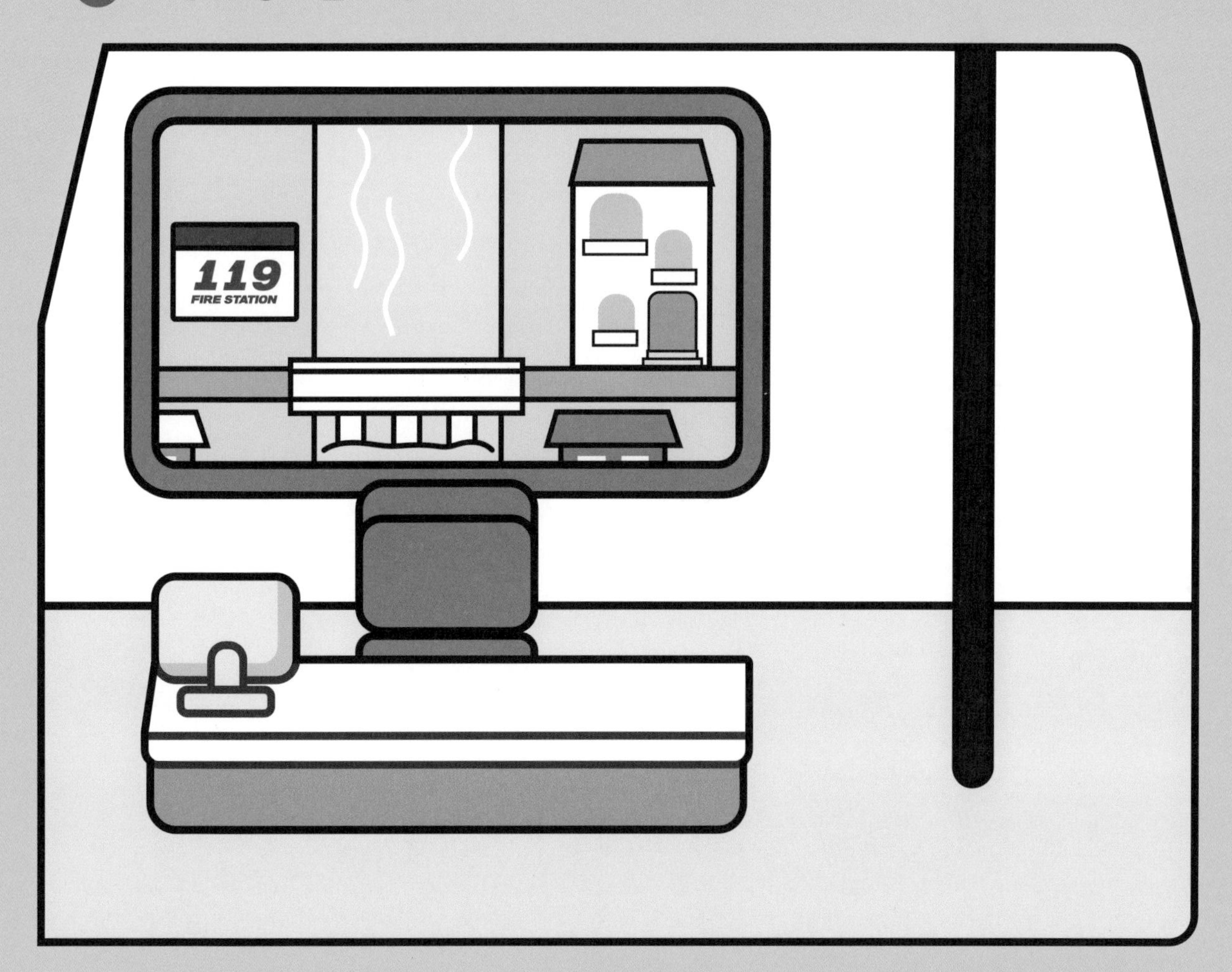

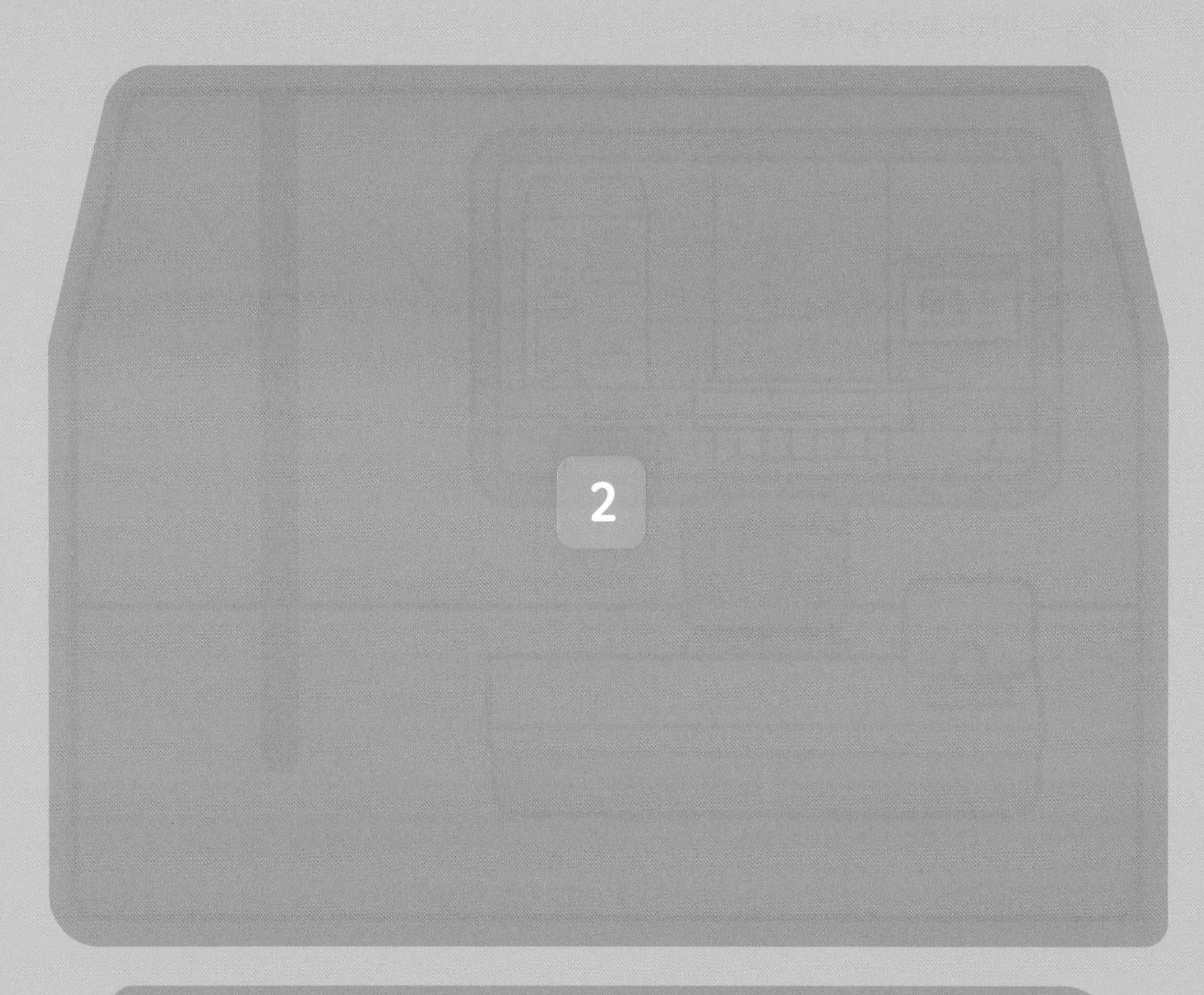
2

3+

③ 소방관 종이놀이북

2+

3

4 소방관 종이놀이북

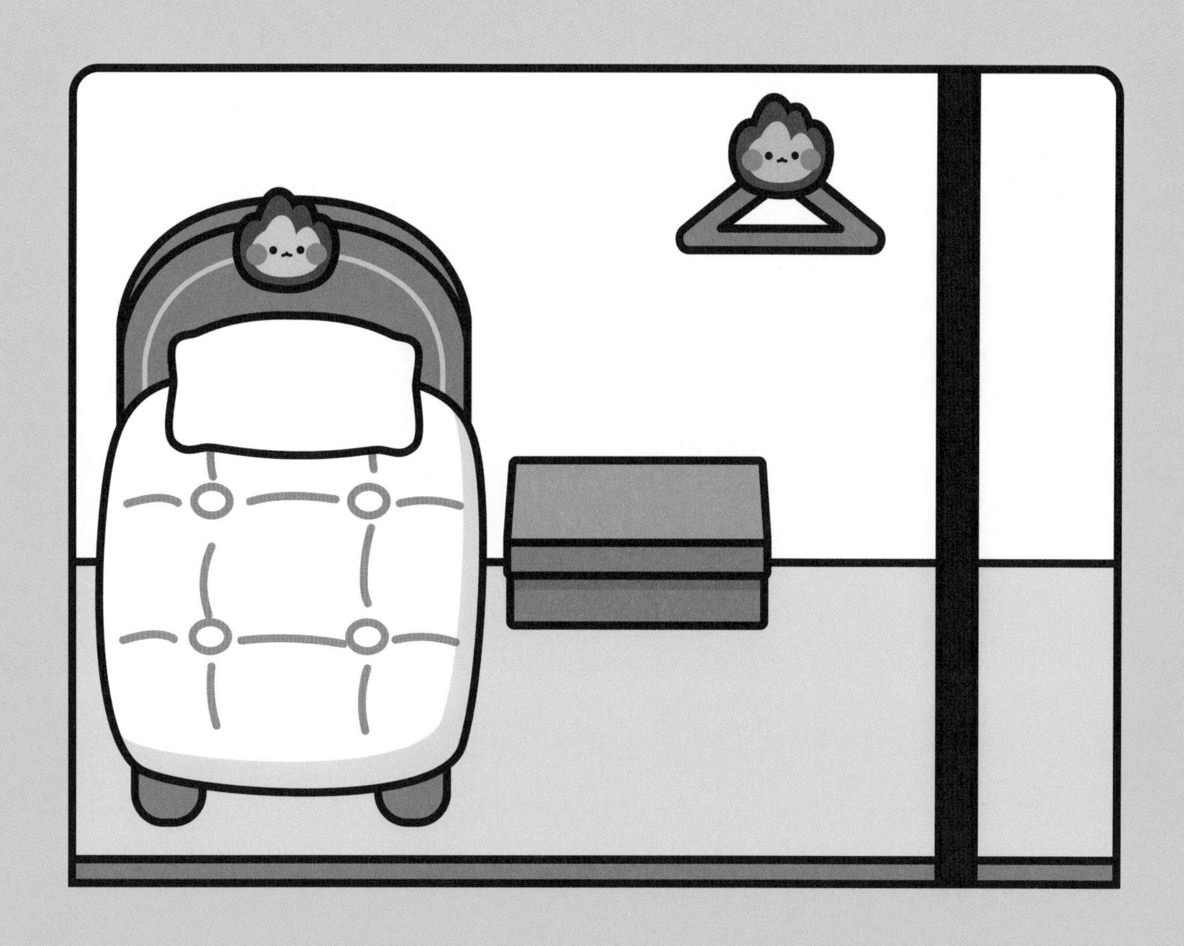

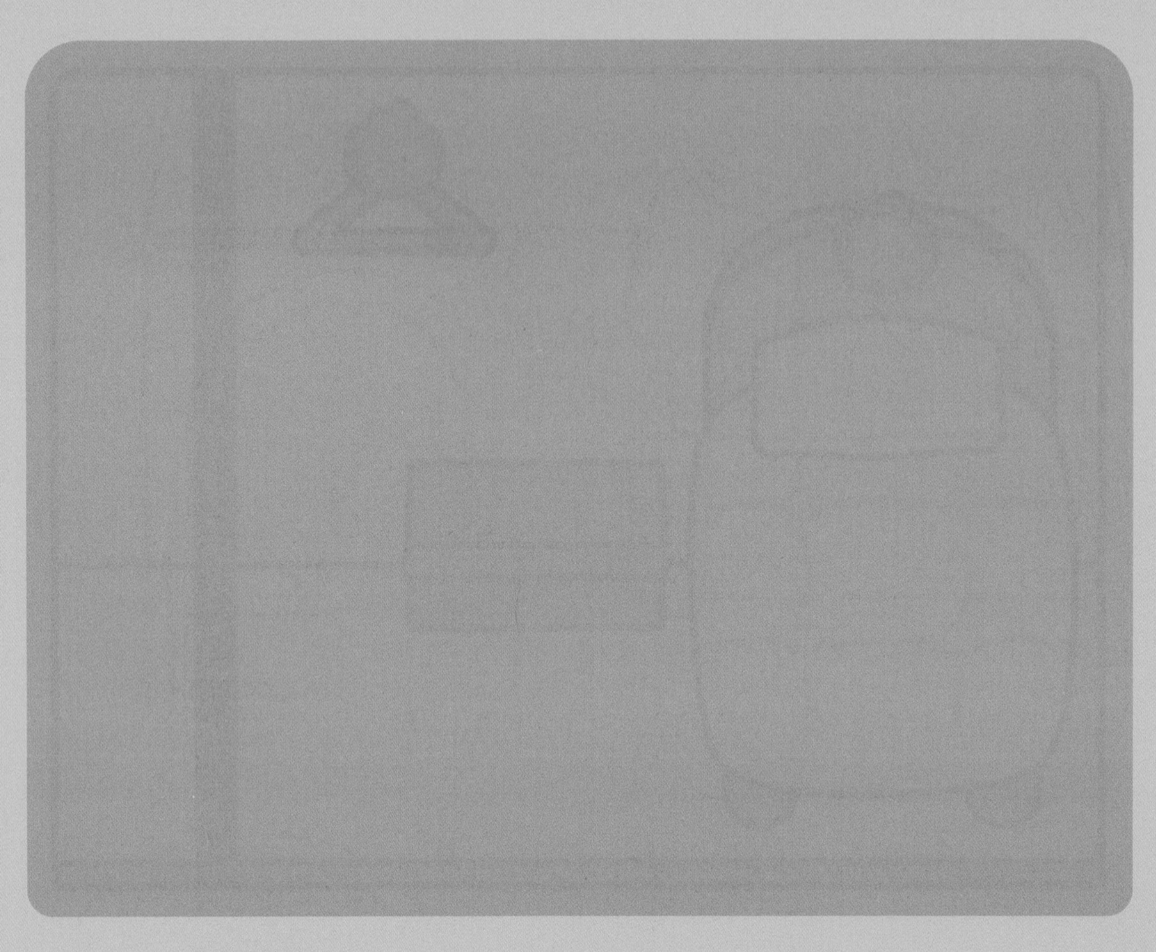

5 소방관 종이놀이북

6 소방관 종이놀이북

7 소방관 종이놀이북

1 수의사 스퀴시북

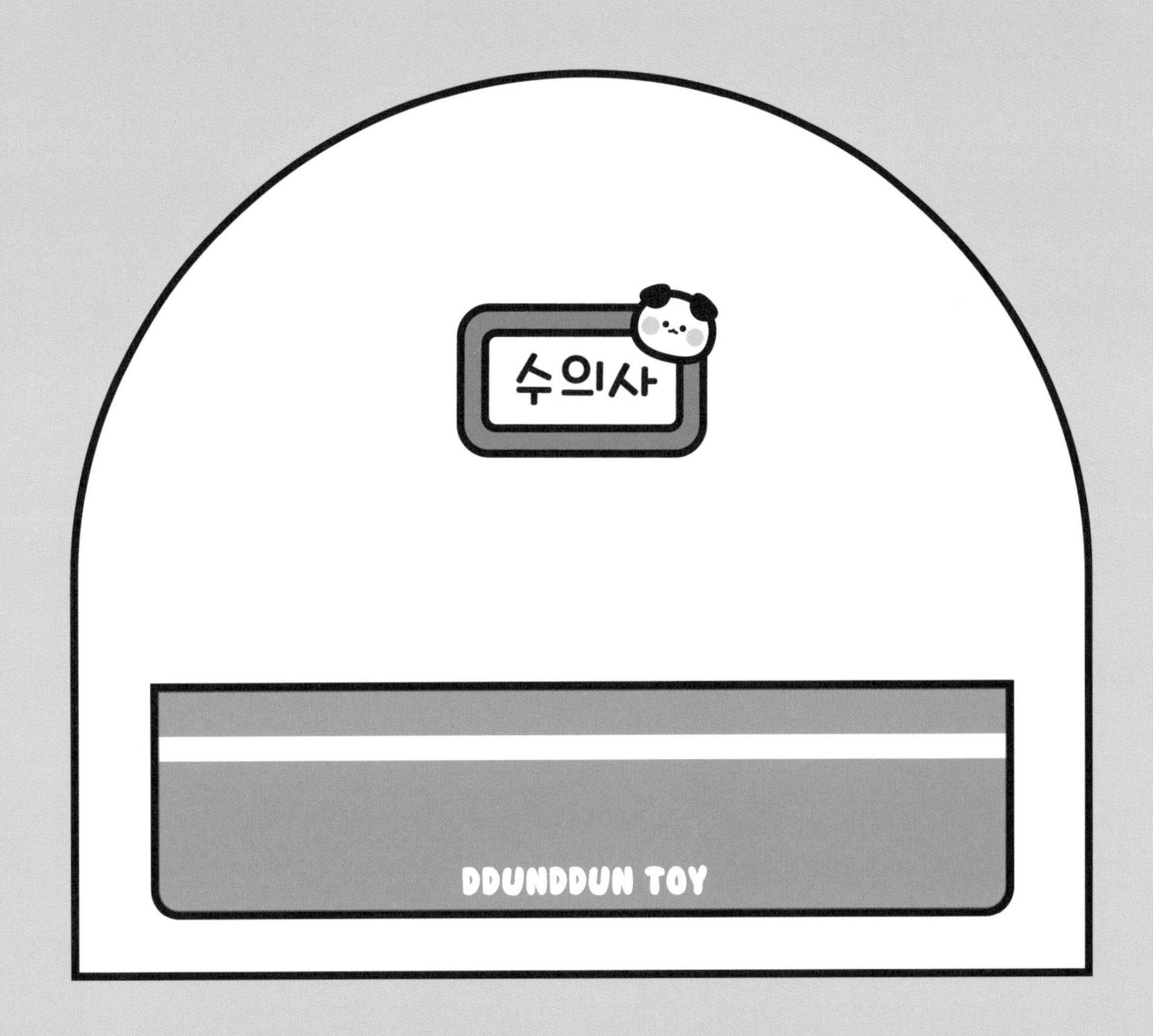

솜
1
솜
3+

2 수의사 스퀴시북

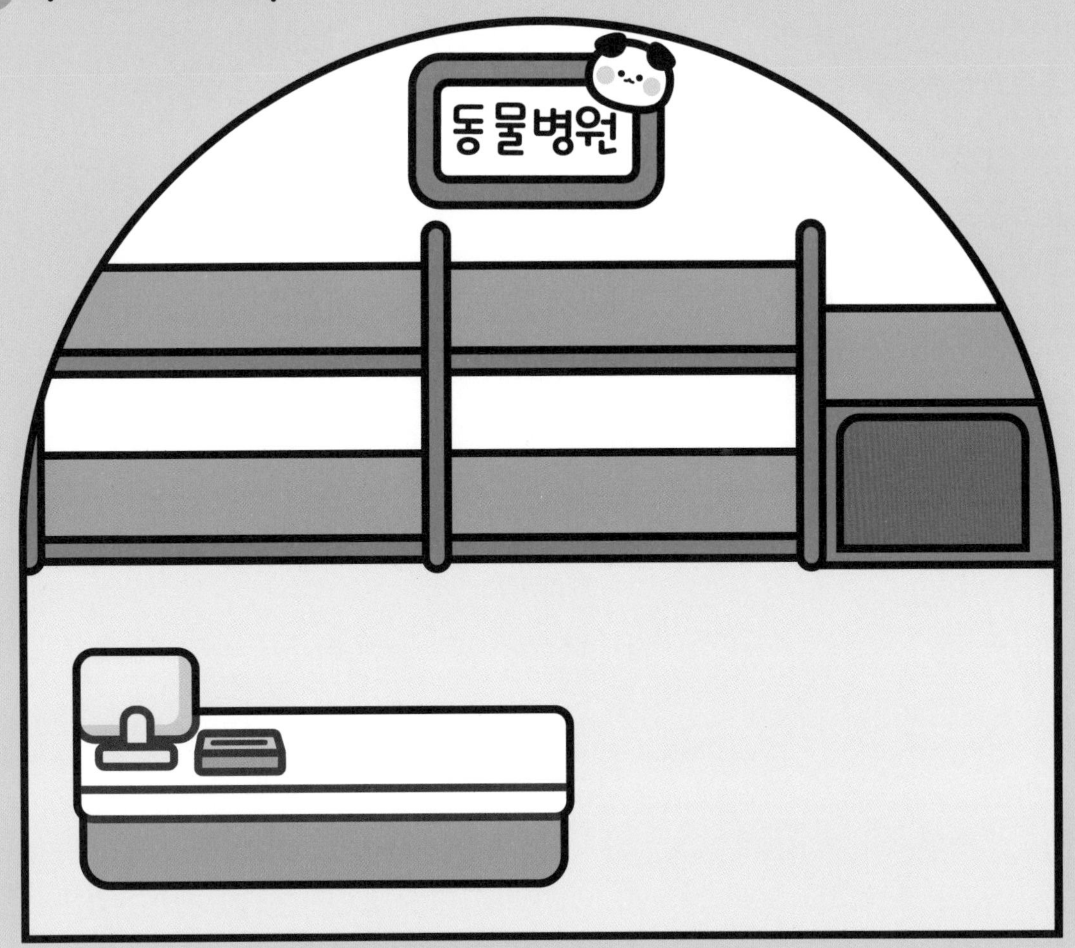

솜
1+
솜
2

3 수의사 스퀴시북

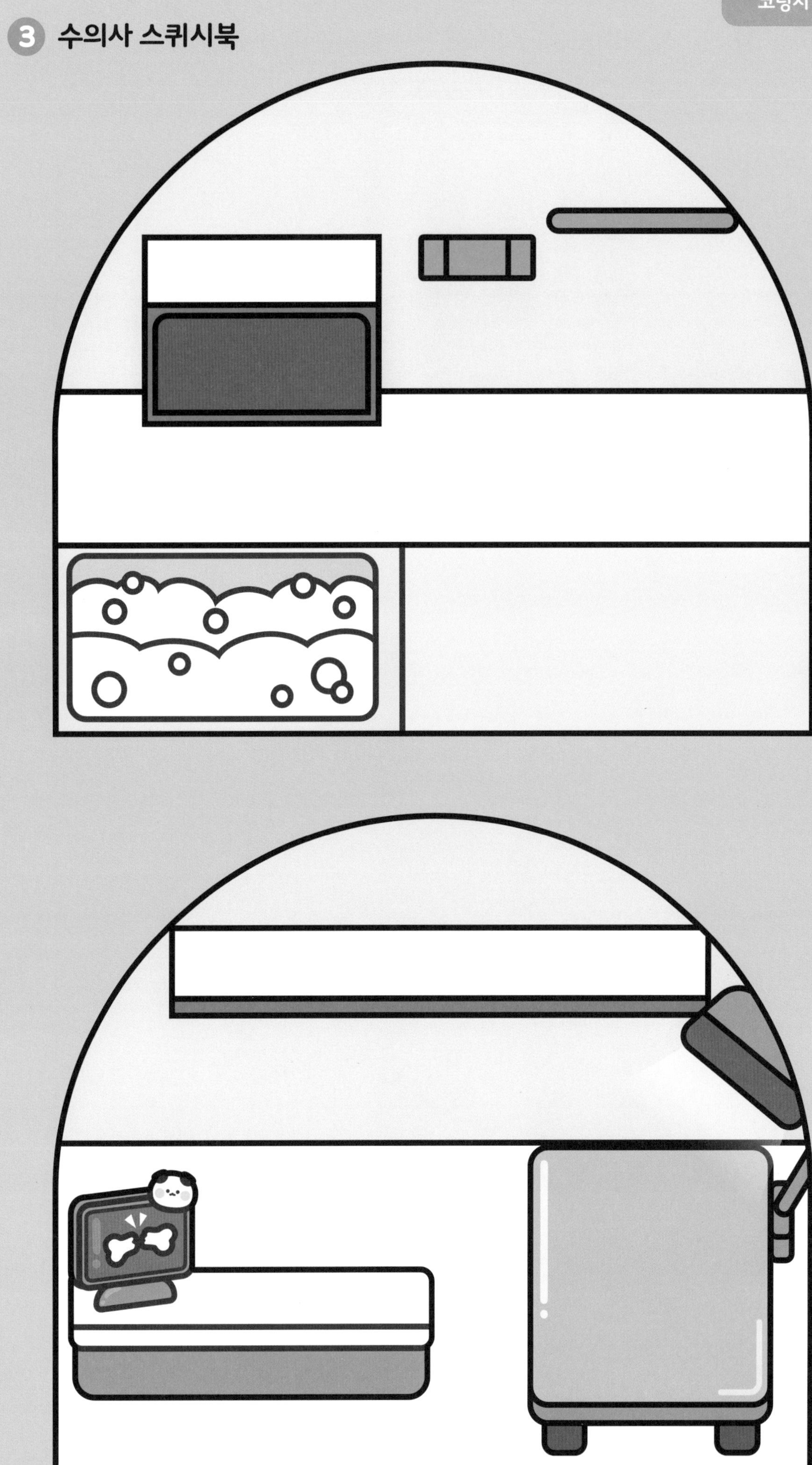

솜
2+
솜
3

4 수의사 스퀴시북

이름:

성별: 수컷 / 암컷

품종: 달마시안

나이:

동물등록증

이름:

성별: 수컷 / 암컷

품종: 비숑프리제

나이:

동물등록증

이름:

성별: 수컷 / 암컷

품종: 고양이

나이:

동물등록증

이름:

성별: 수컷 / 암컷

품종: 토끼

나이:

동물등록증

이름:

성별: 수컷 / 암컷

품종: 햄스터

나이:

5 수의사 스퀴시북

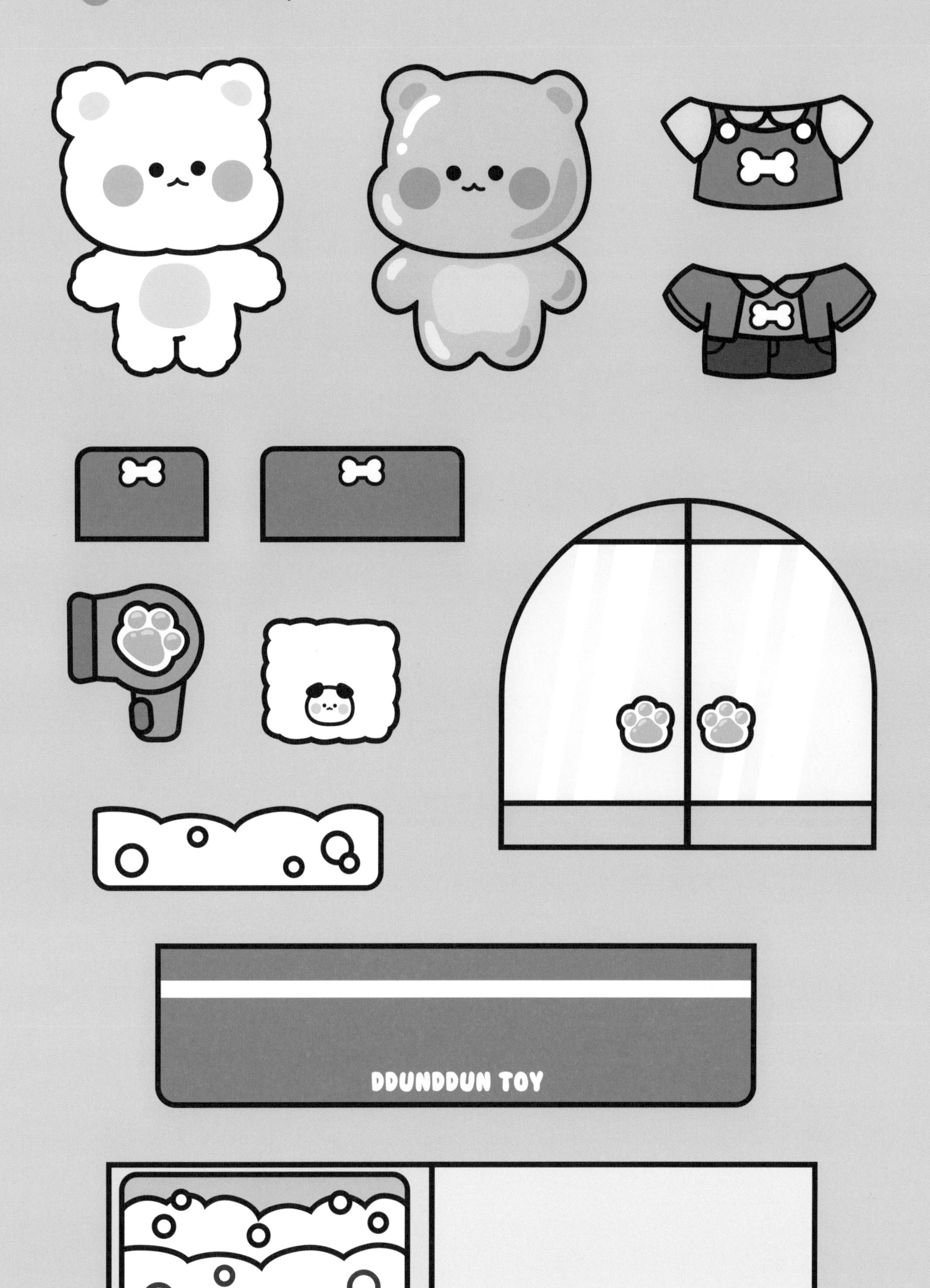

코팅지 / 앞면　박스테이프 / 뒷면

6 수의사 스퀴시북

코팅지 / 앞면

박스테이프 / 양면

❶ 곤충학자 스퀴시북

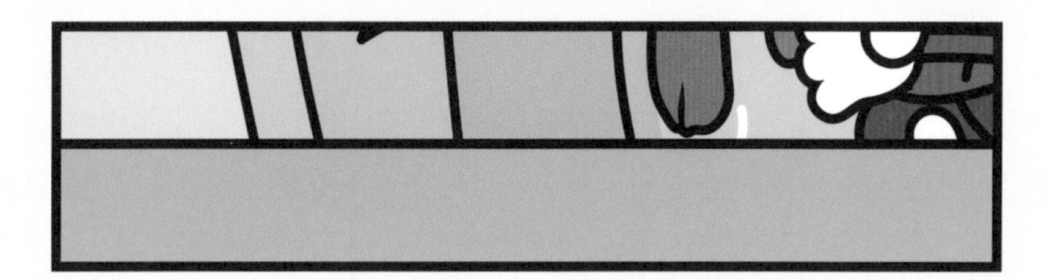

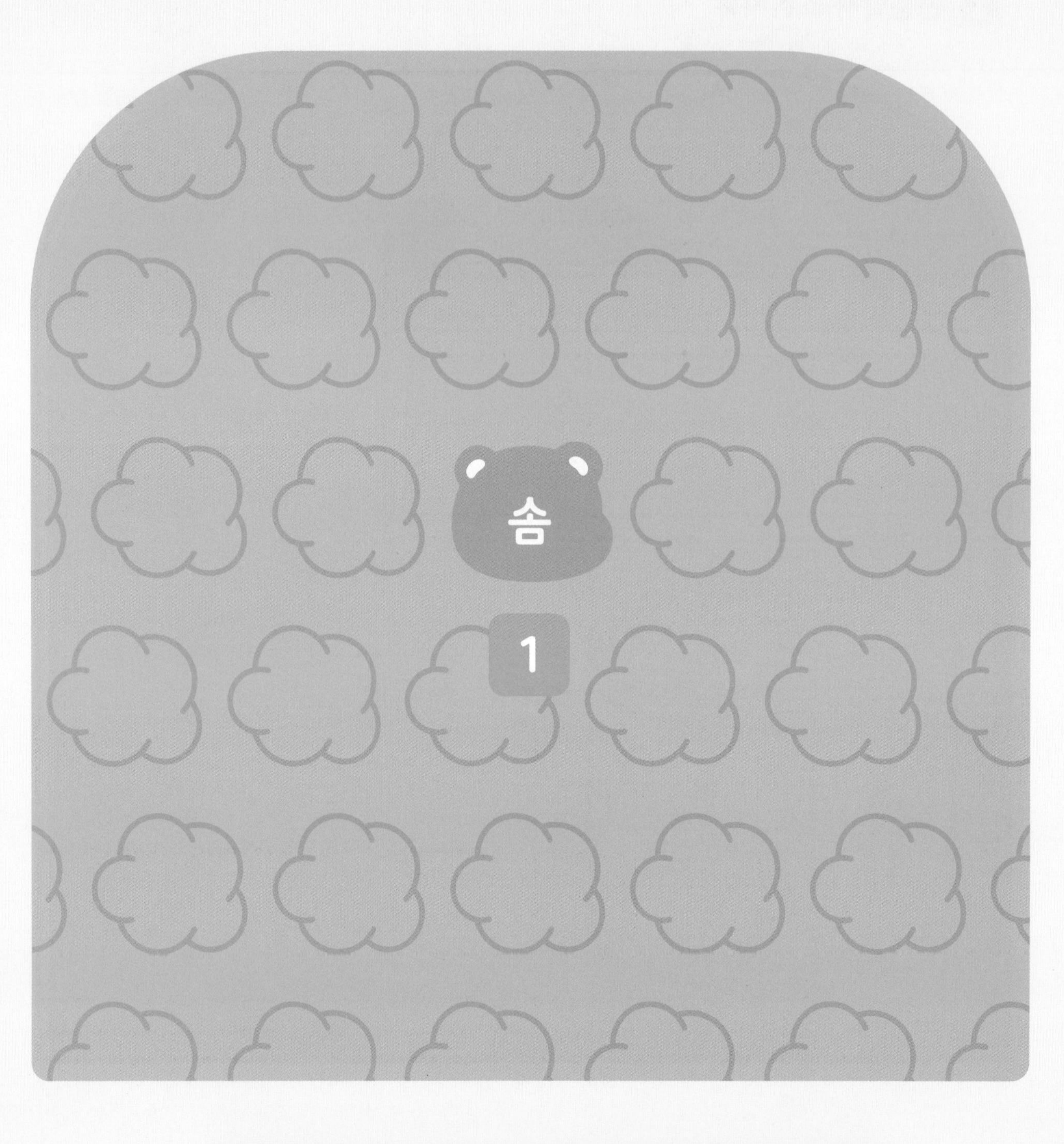
솜
1

코팅지 / 앞면

❷ 곤충학자 스퀴시북

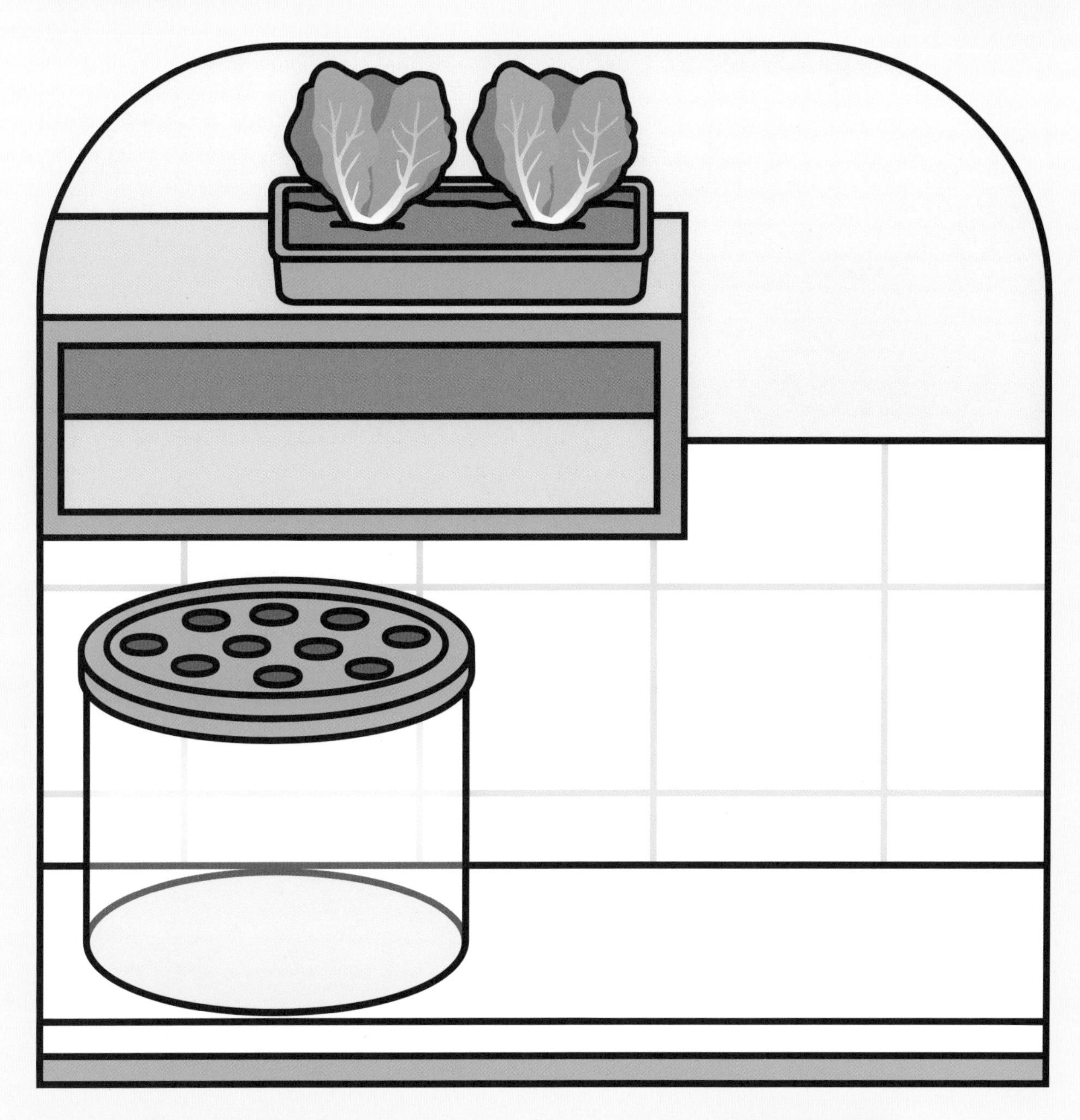

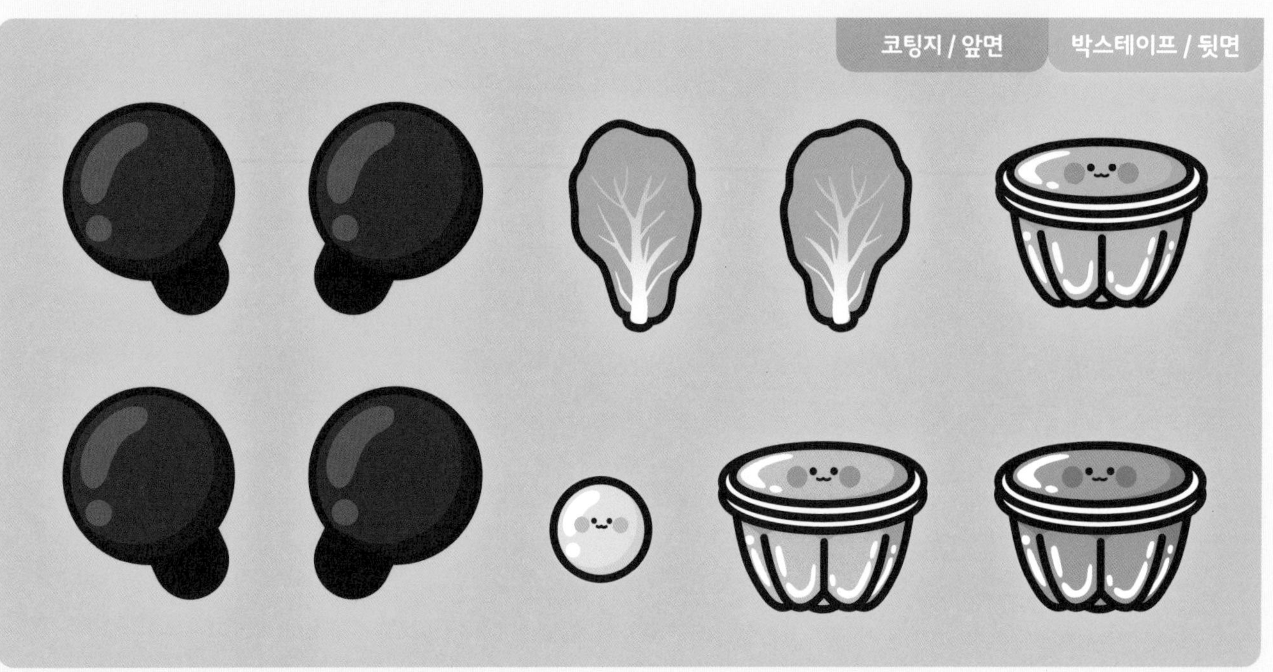

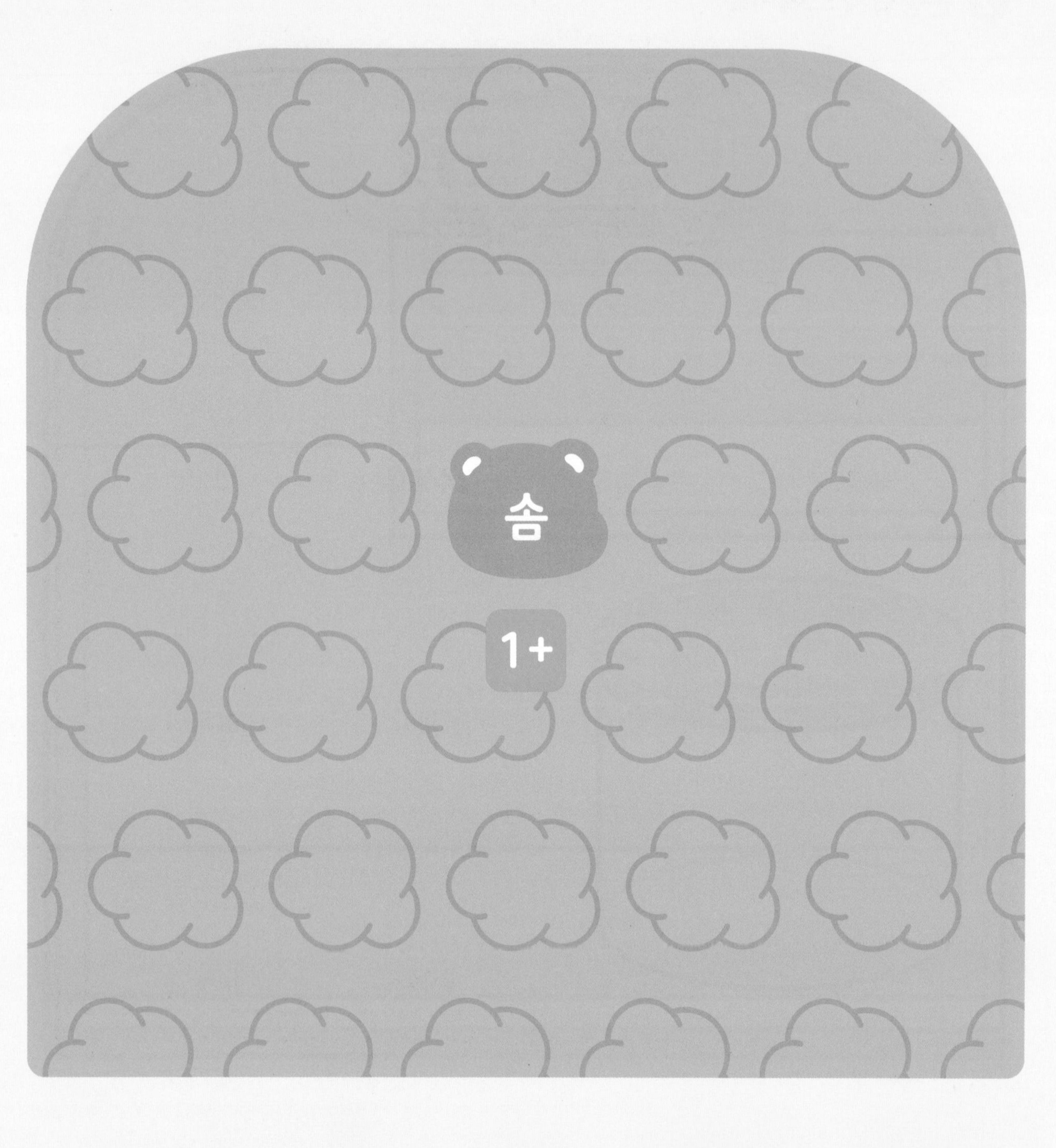
솜
1+

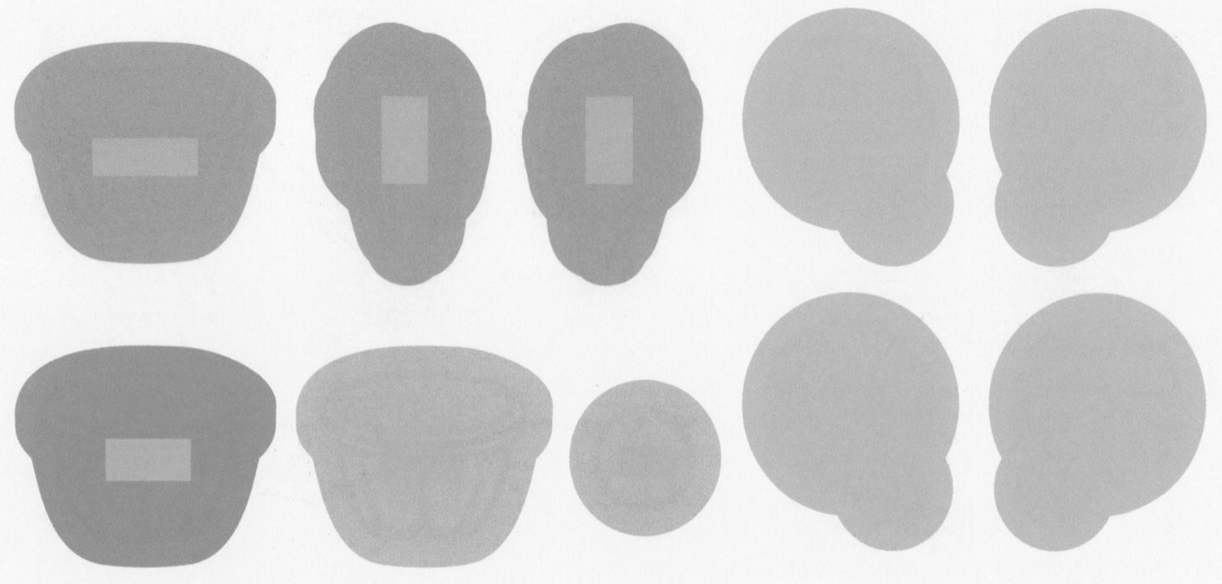

③ 곤충학자 스퀴시북

곤충 도감
사마귀
사슴벌레
장수풍뎅이
매미
무당벌레
벌
개미
잠자리
나비
번데기
애벌레
메뚜기

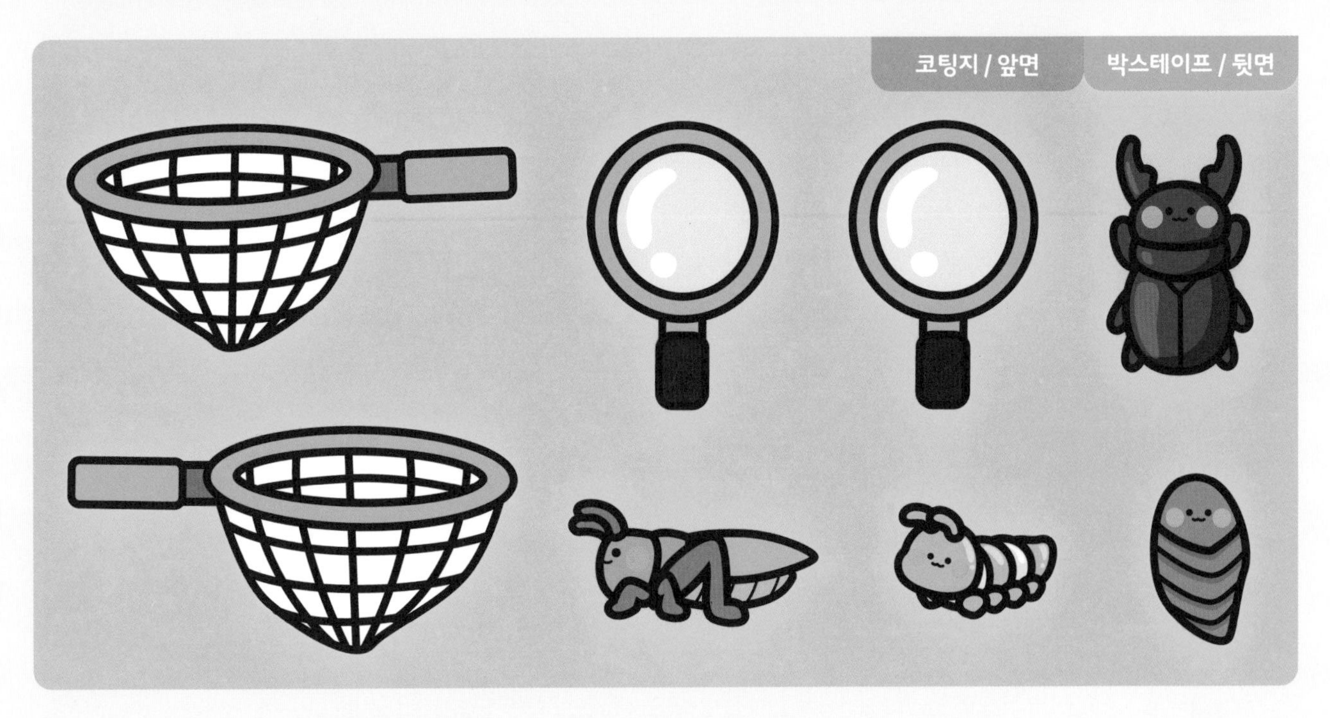
코팅지 / 앞면
박스테이프 / 뒷면

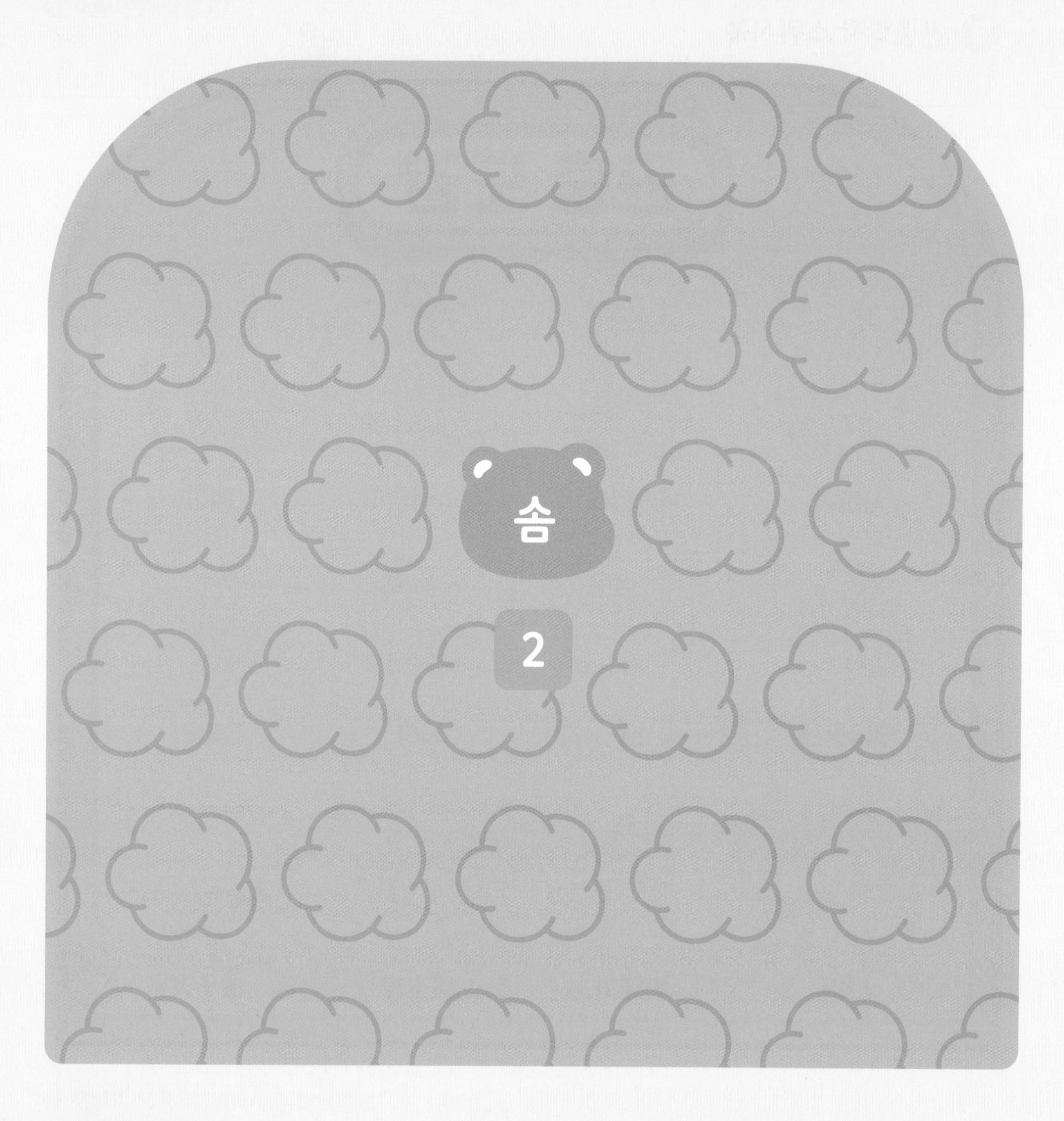
솜
2

4 곤충학자 스퀴시북

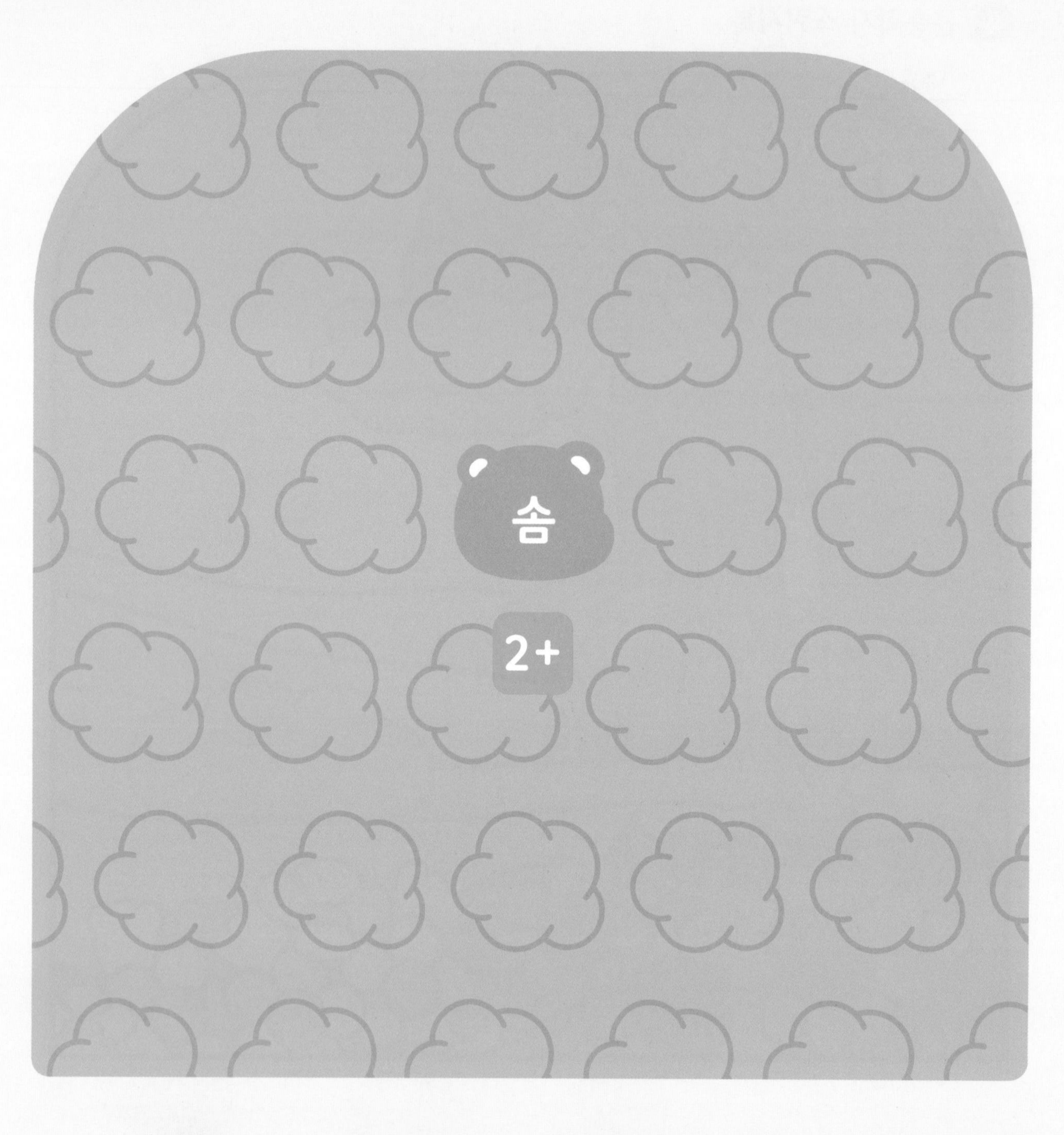
솜
2+

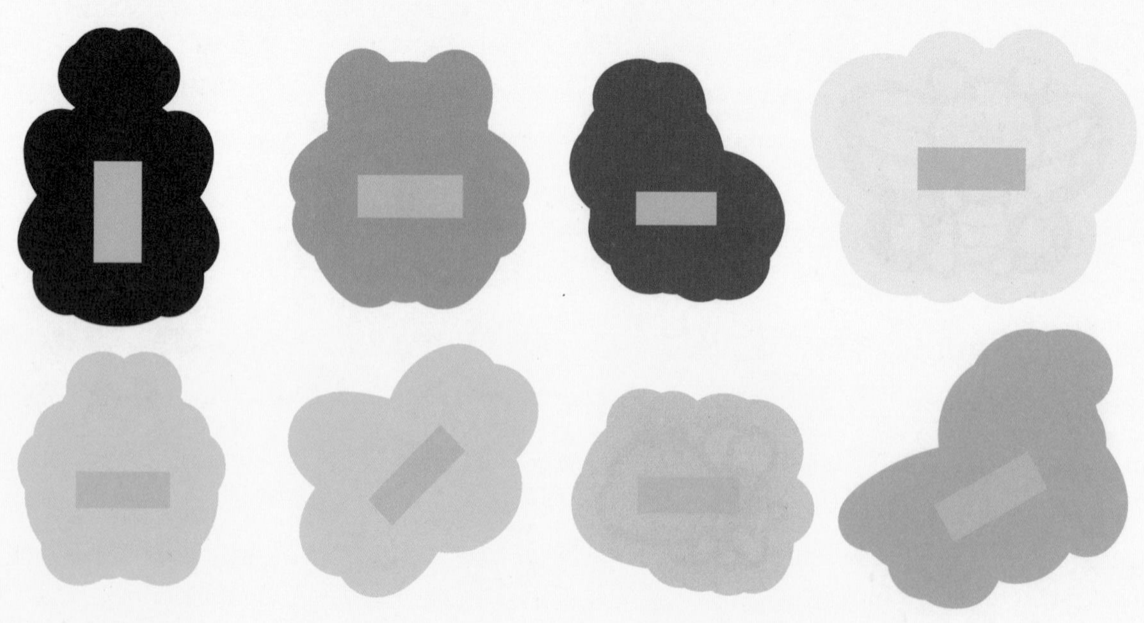

❺ 곤충학자 스퀴시북

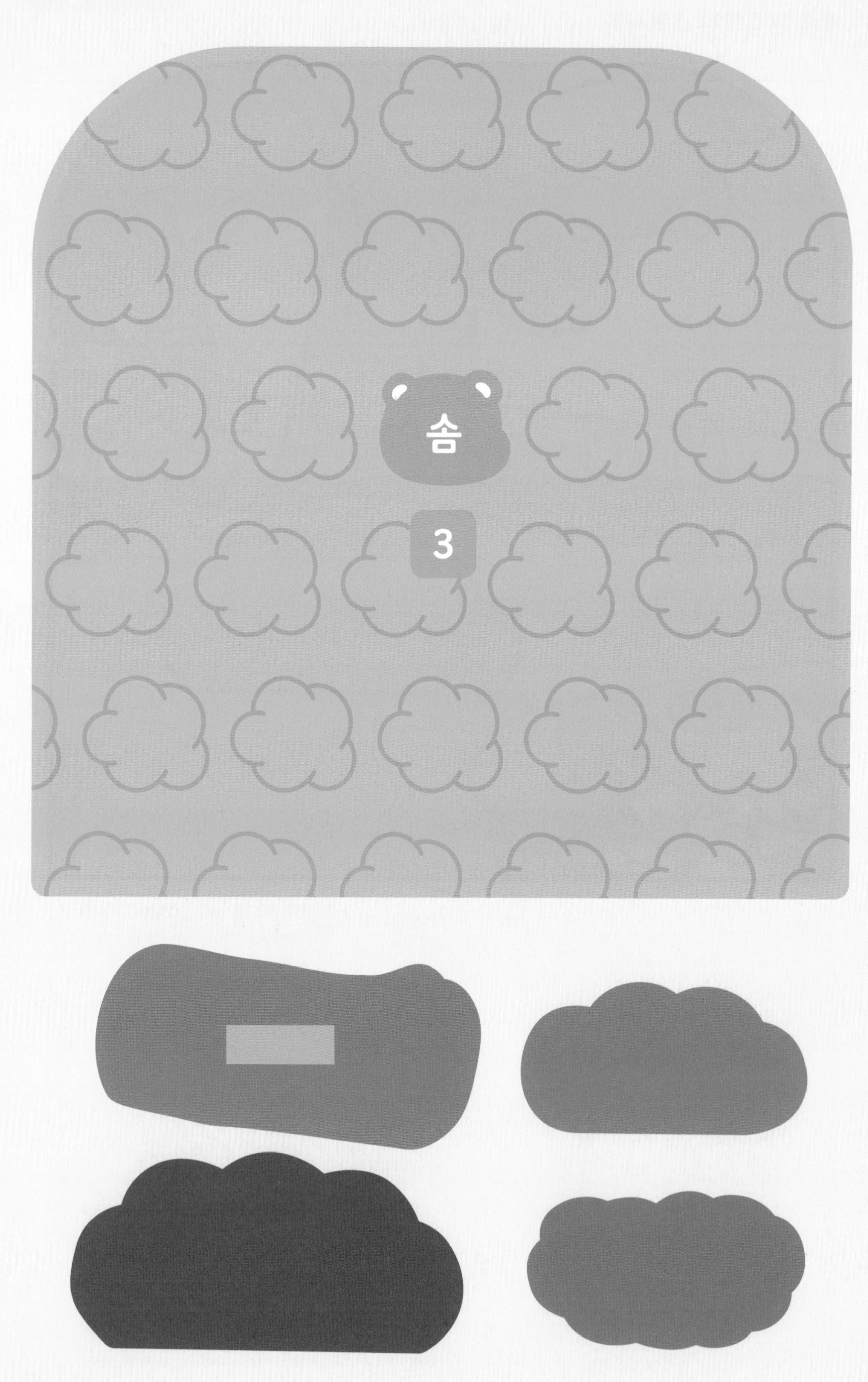
솜
3

6 곤충학자 스퀴시북

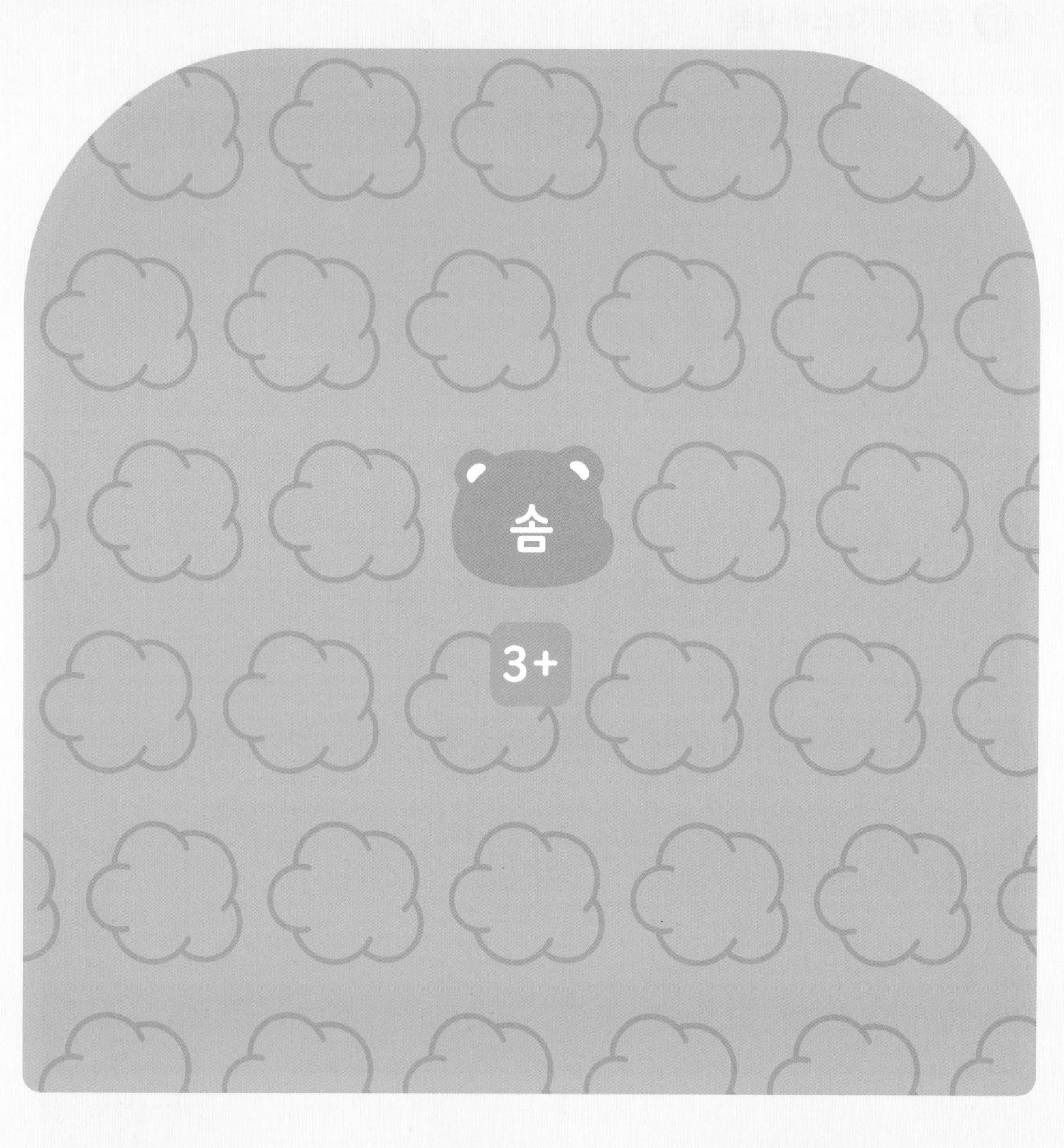
솜
3+

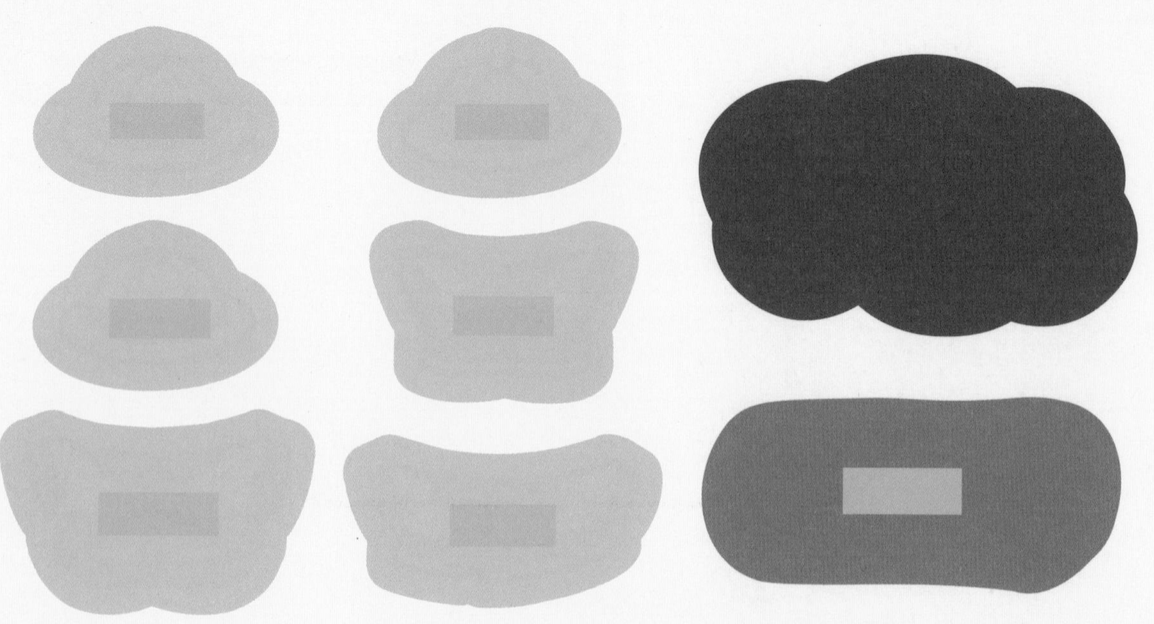

코팅지 / 앞면 박스테이프 / 뒷면

7 곤충학자 스퀴시북

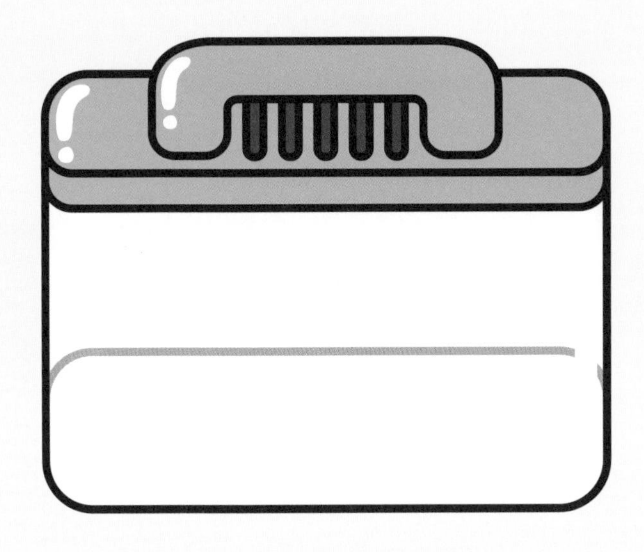

박스테이프 / 양면

1 크리에이터 종이놀이북

2 크리에이터 종이놀이북

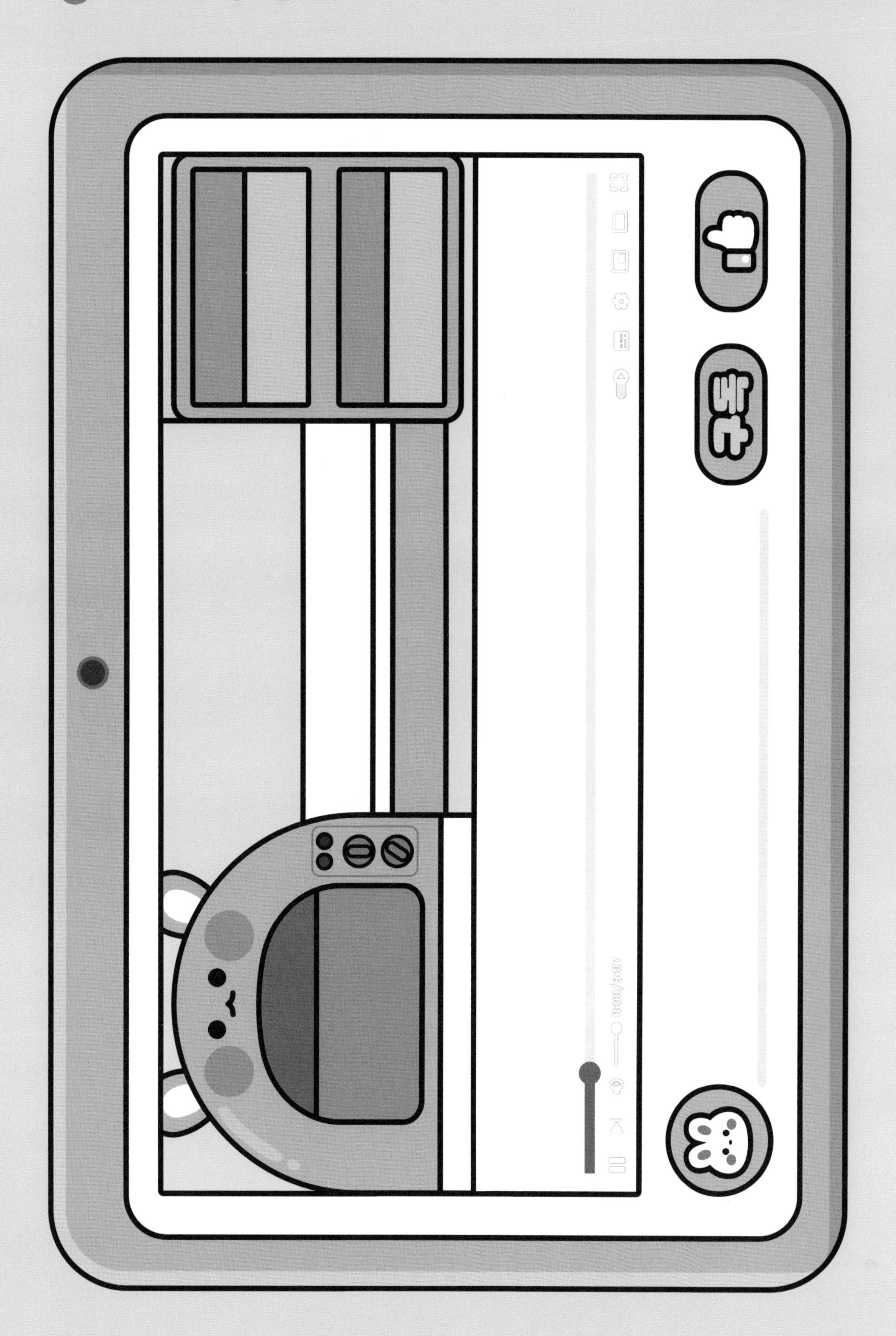

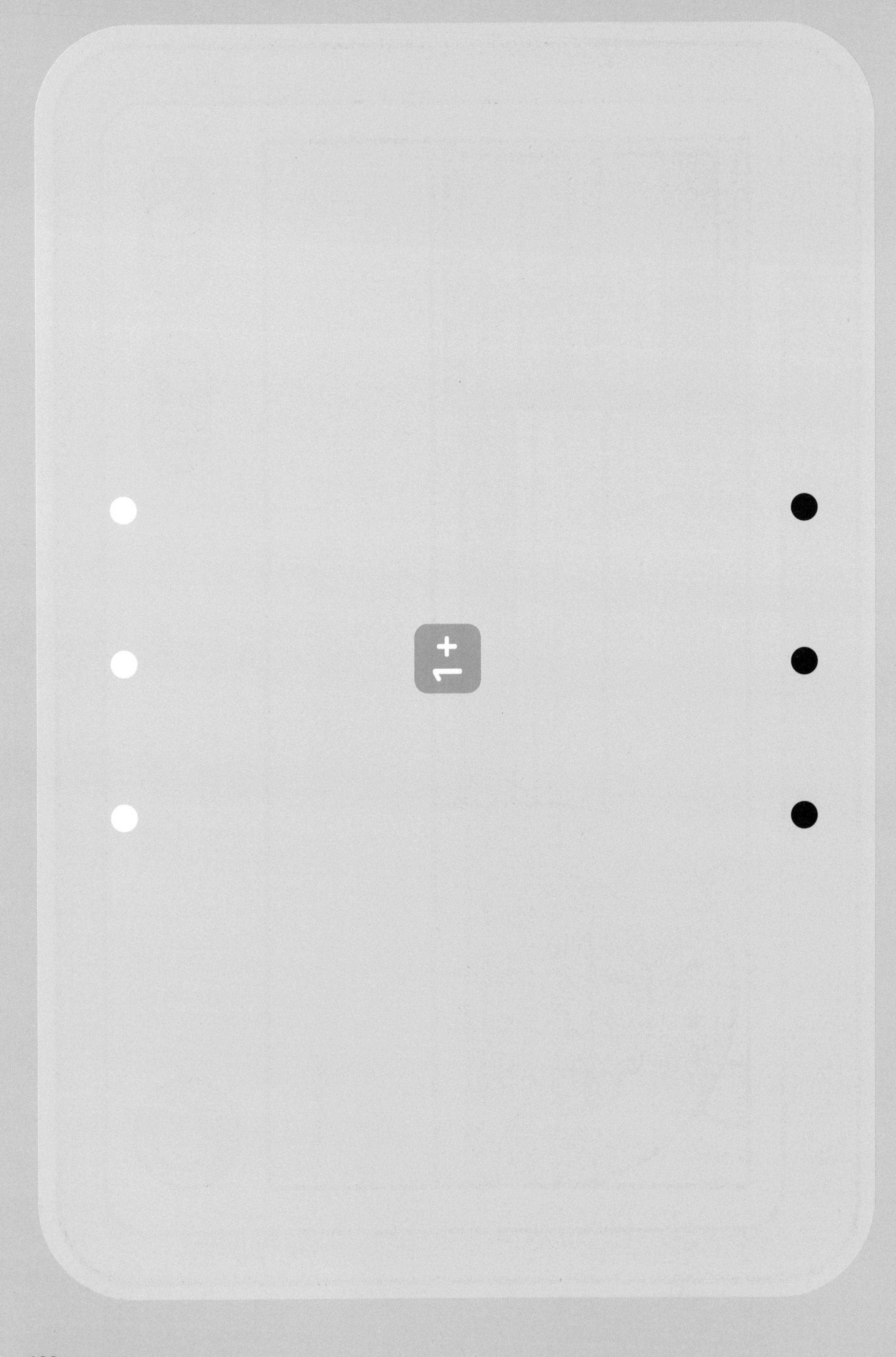

3 크리에이터 종이놀이북

2

4 크리에이터 종이놀이북

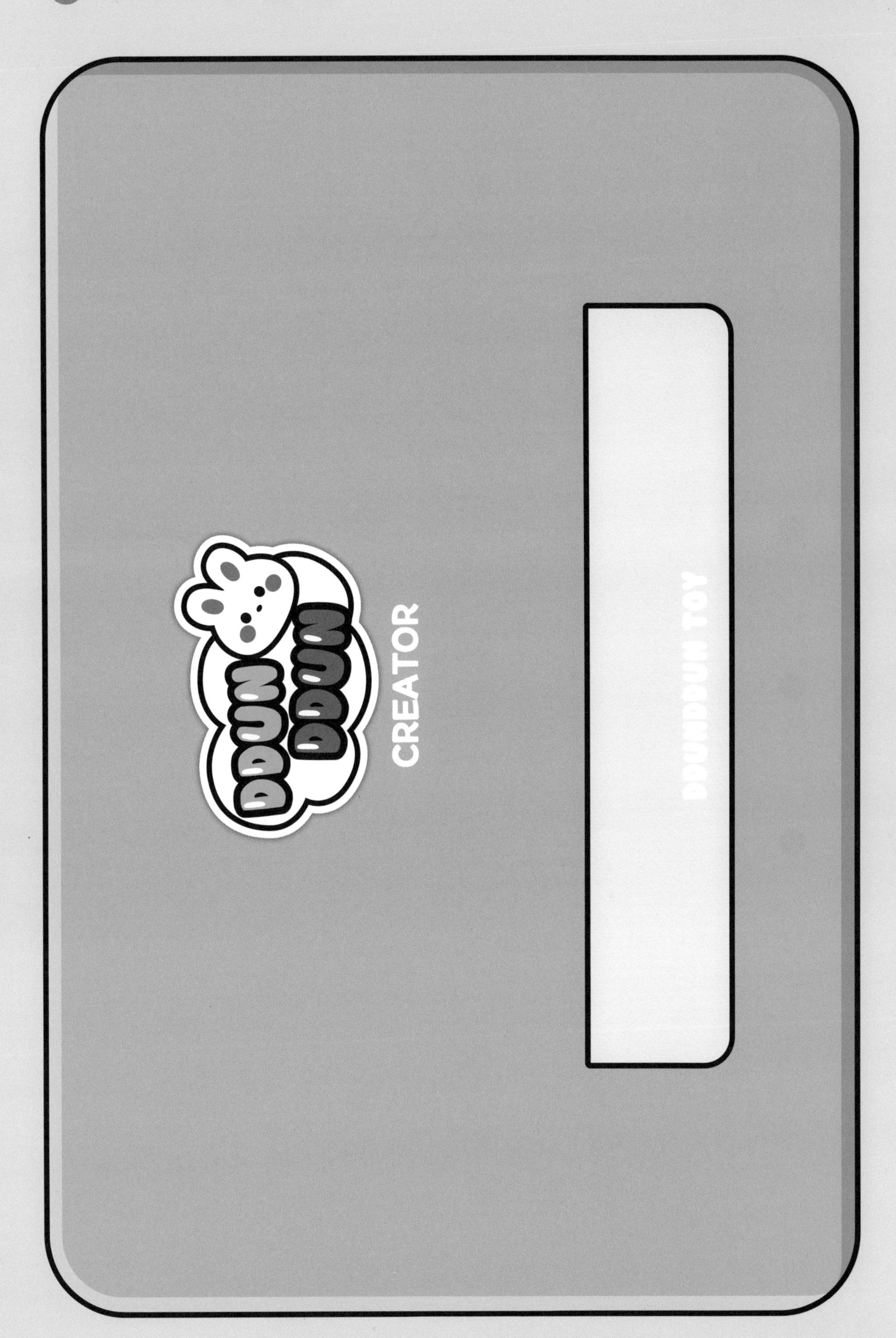

2+

5 크리에이터 종이놀이북

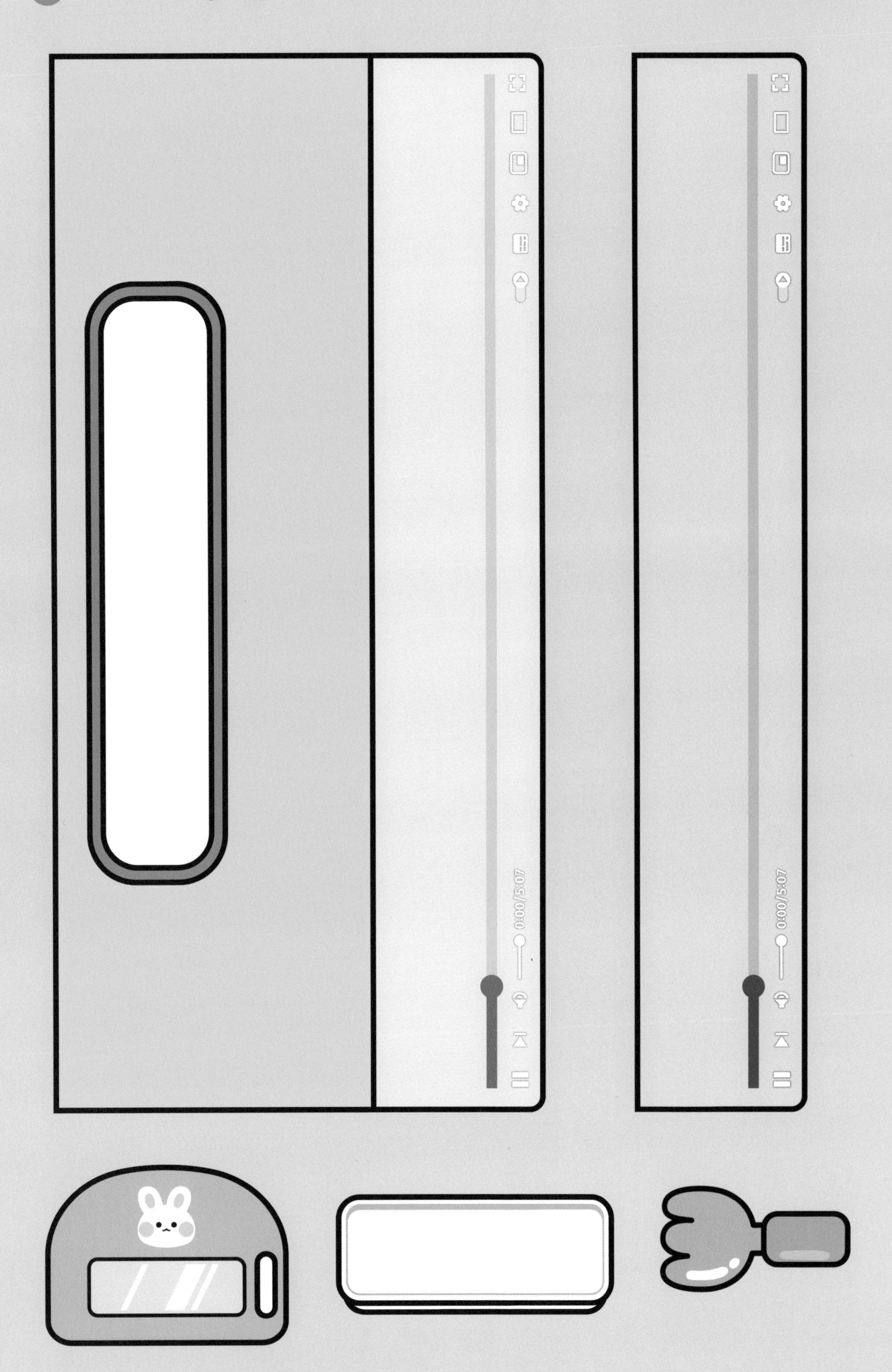

6 크리에이터 종이놀이북

7 크리에이터 종이놀이북

1 아이돌 스퀴시북

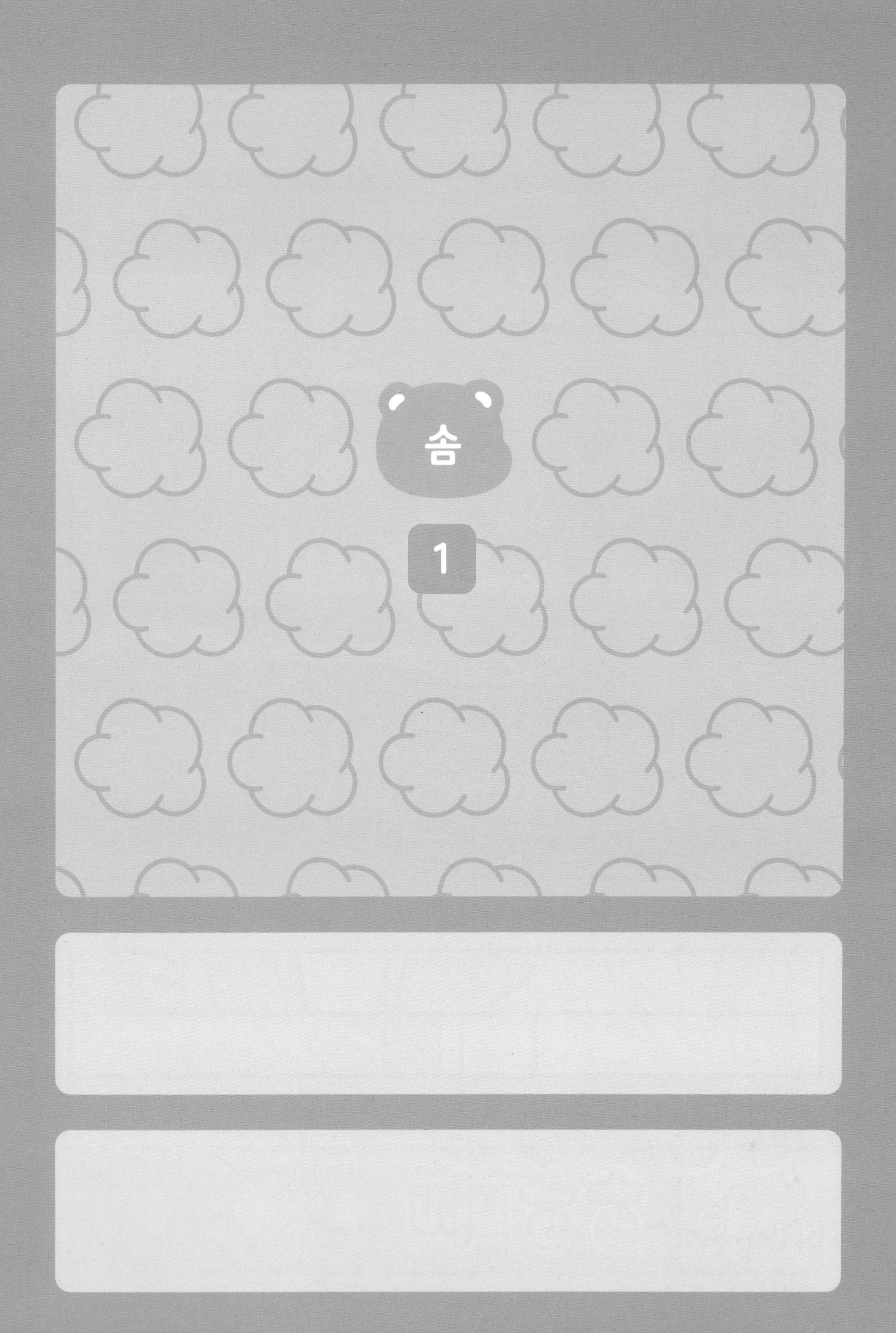
솜
1

2 아이돌 스퀴시북

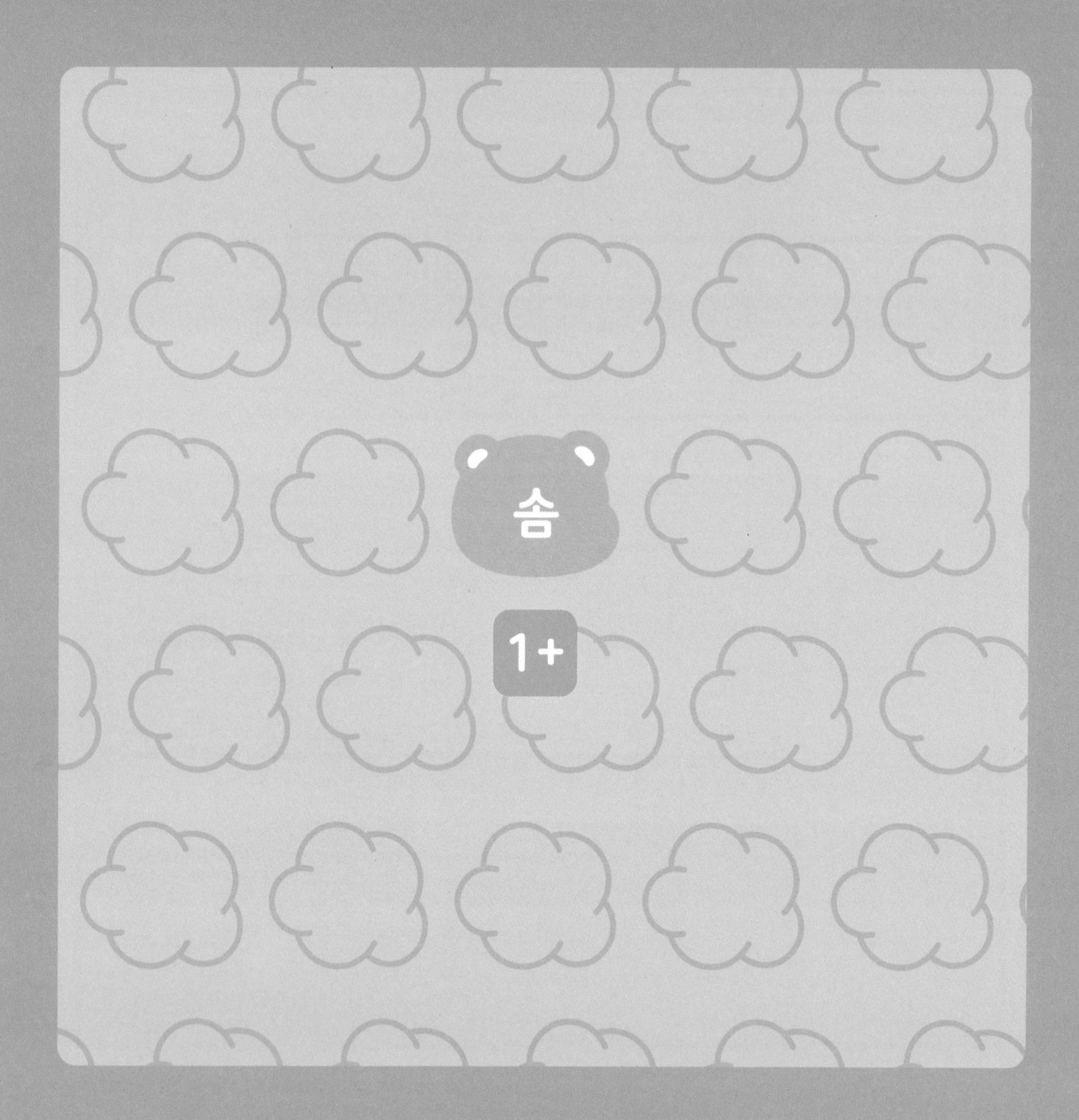
솜
1+

3 아이돌 스퀴시북

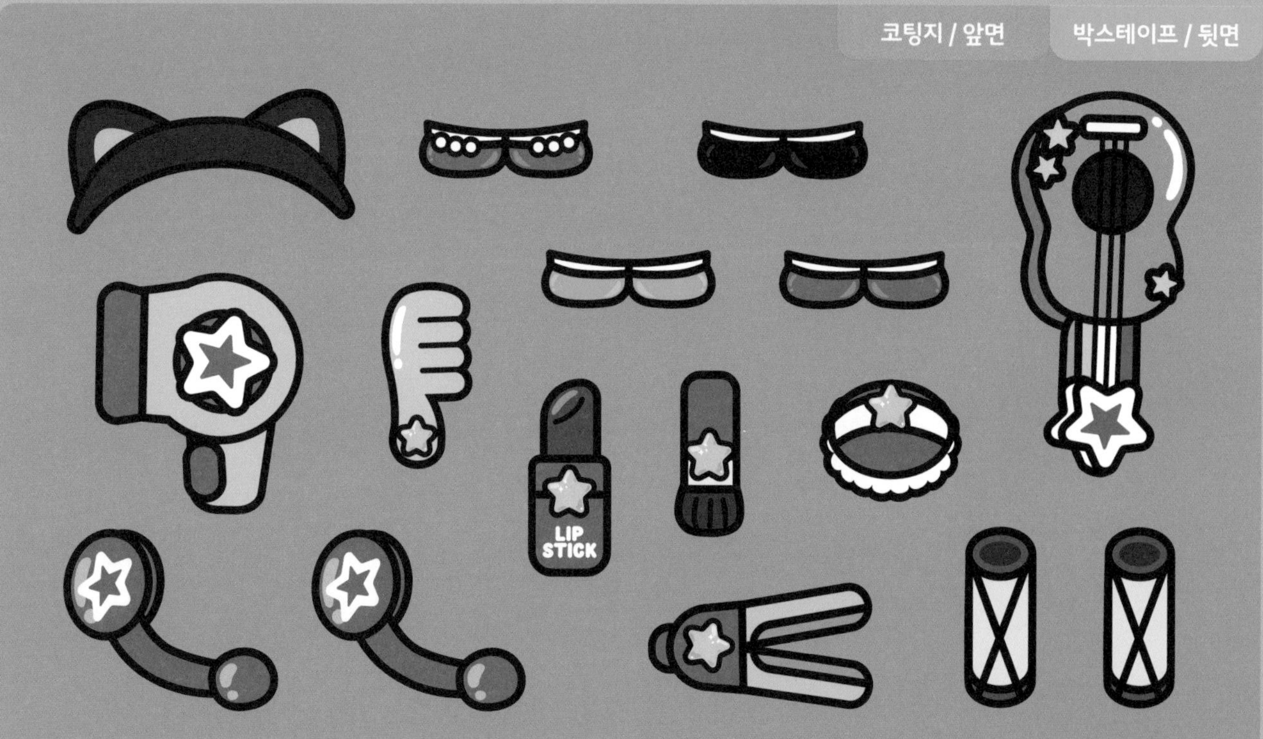

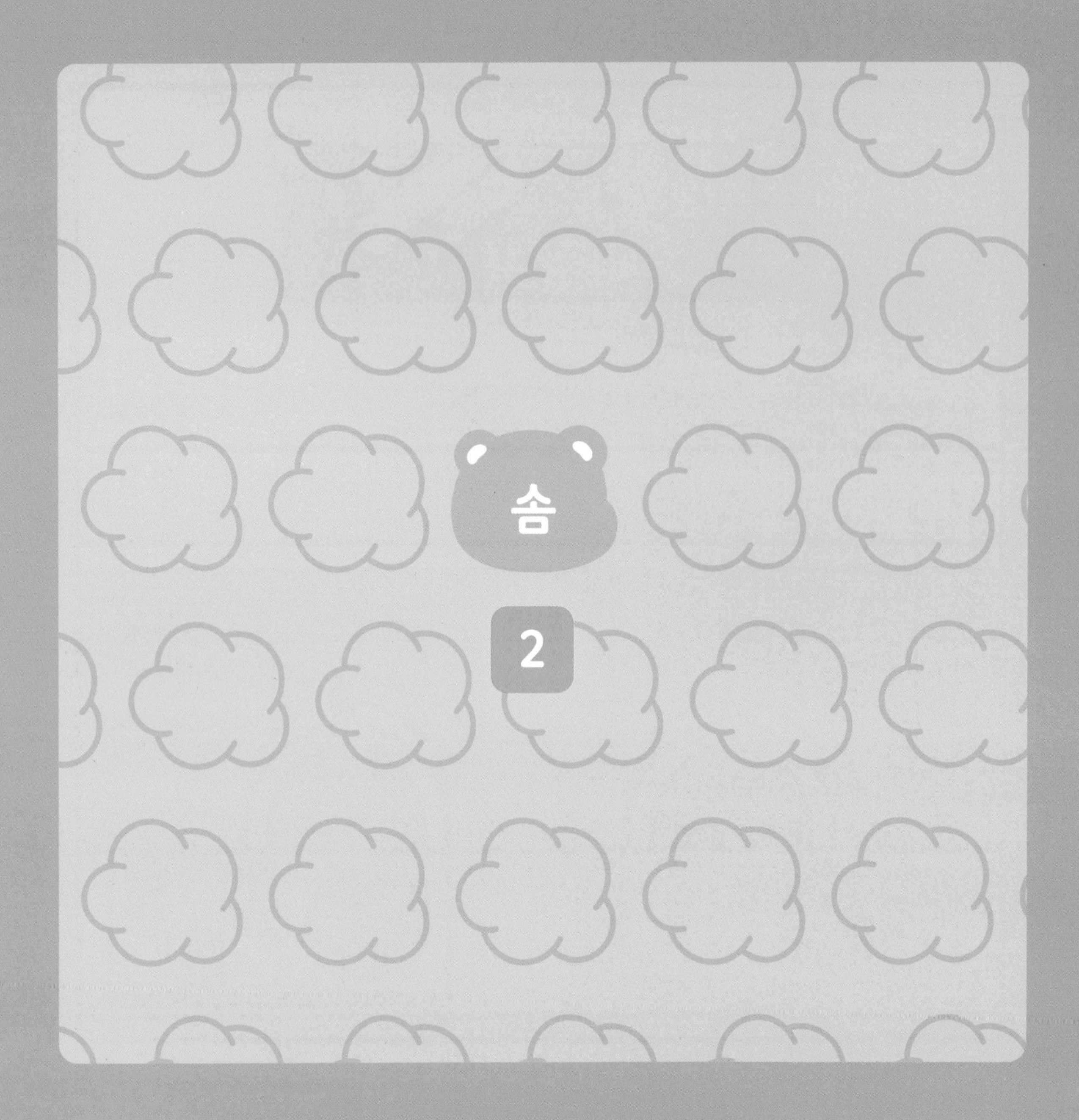
솜
2

4 아이돌 스퀴시북

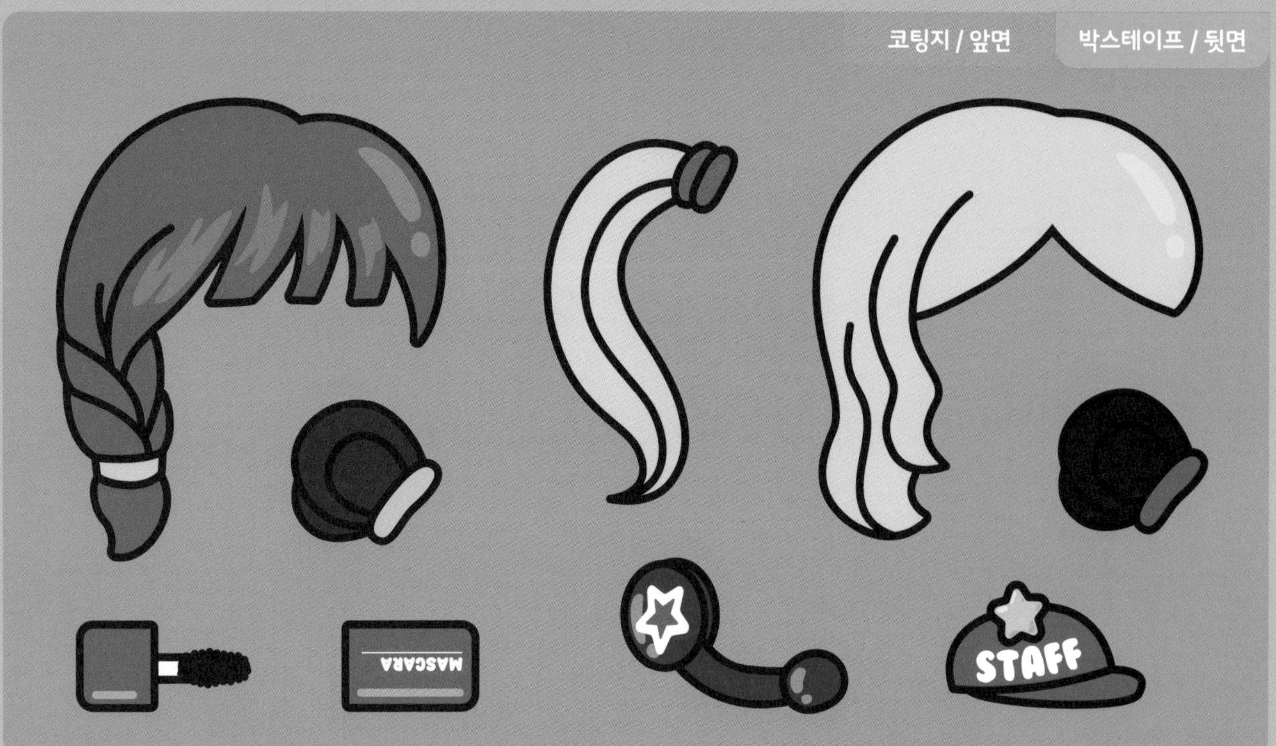

솜

2+

5 아이돌 스퀴시북

코팅지 / 앞면 박스테이프 / 뒷면

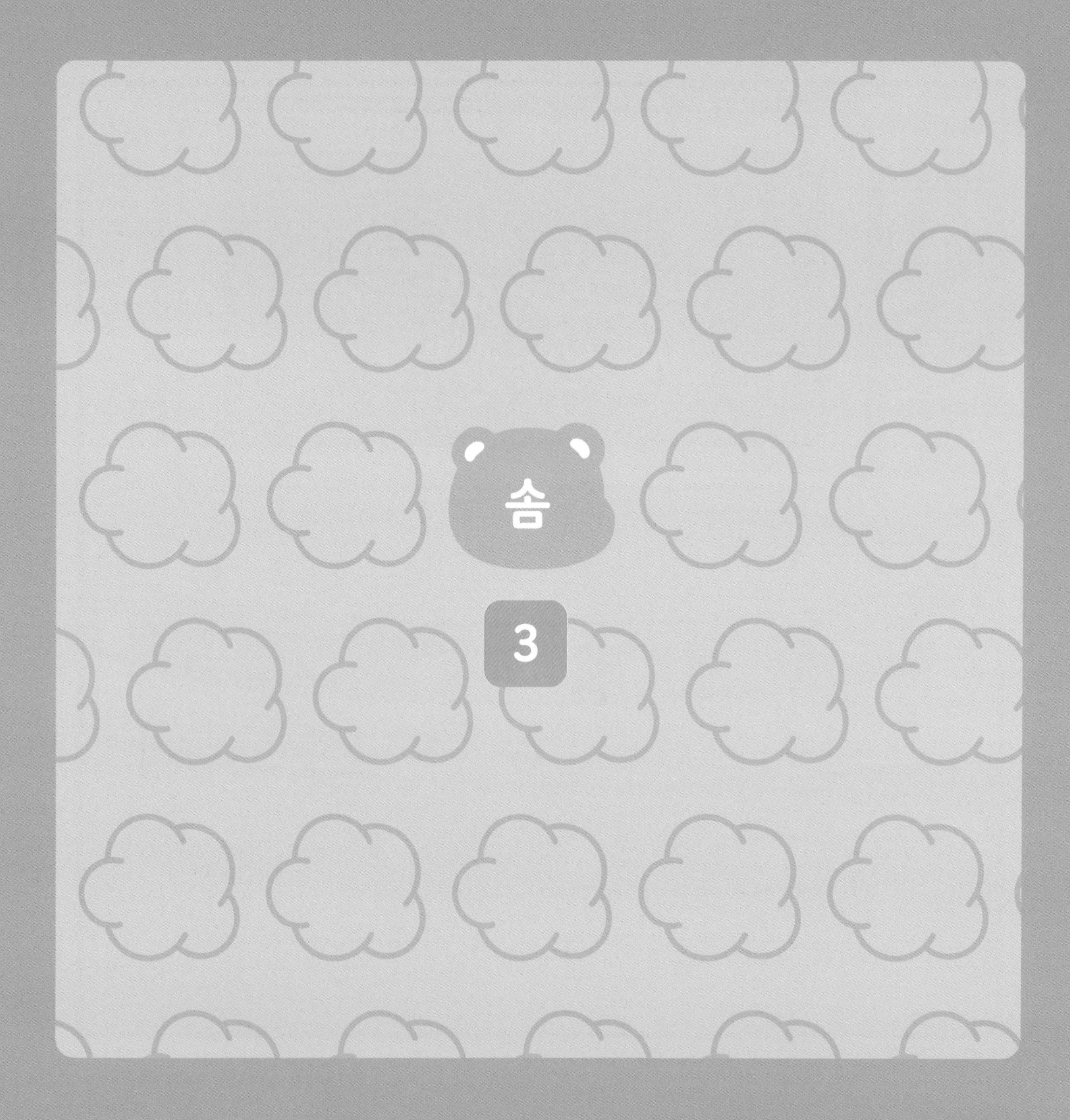
솜
3

6 아이돌 스퀴시북

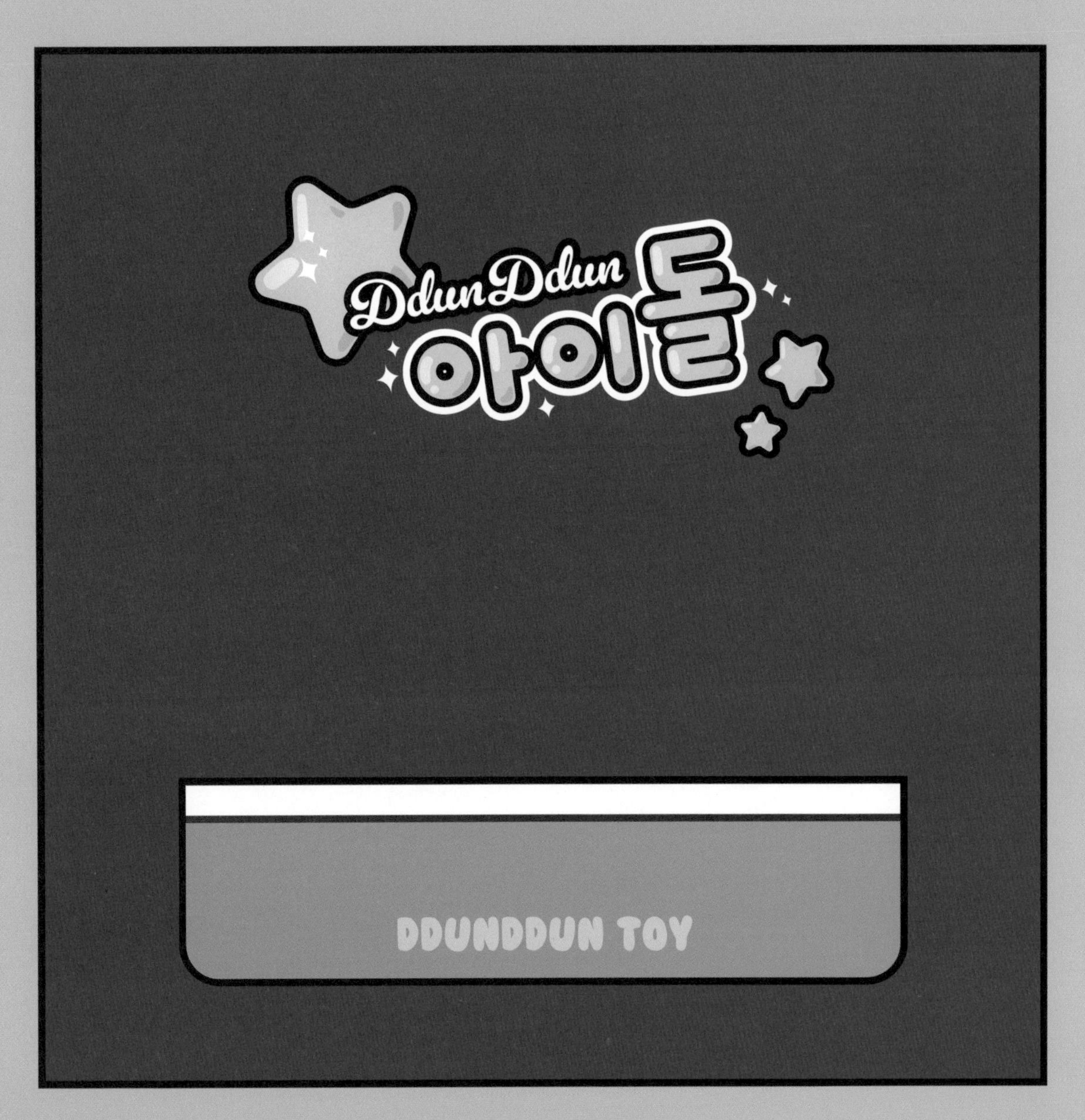

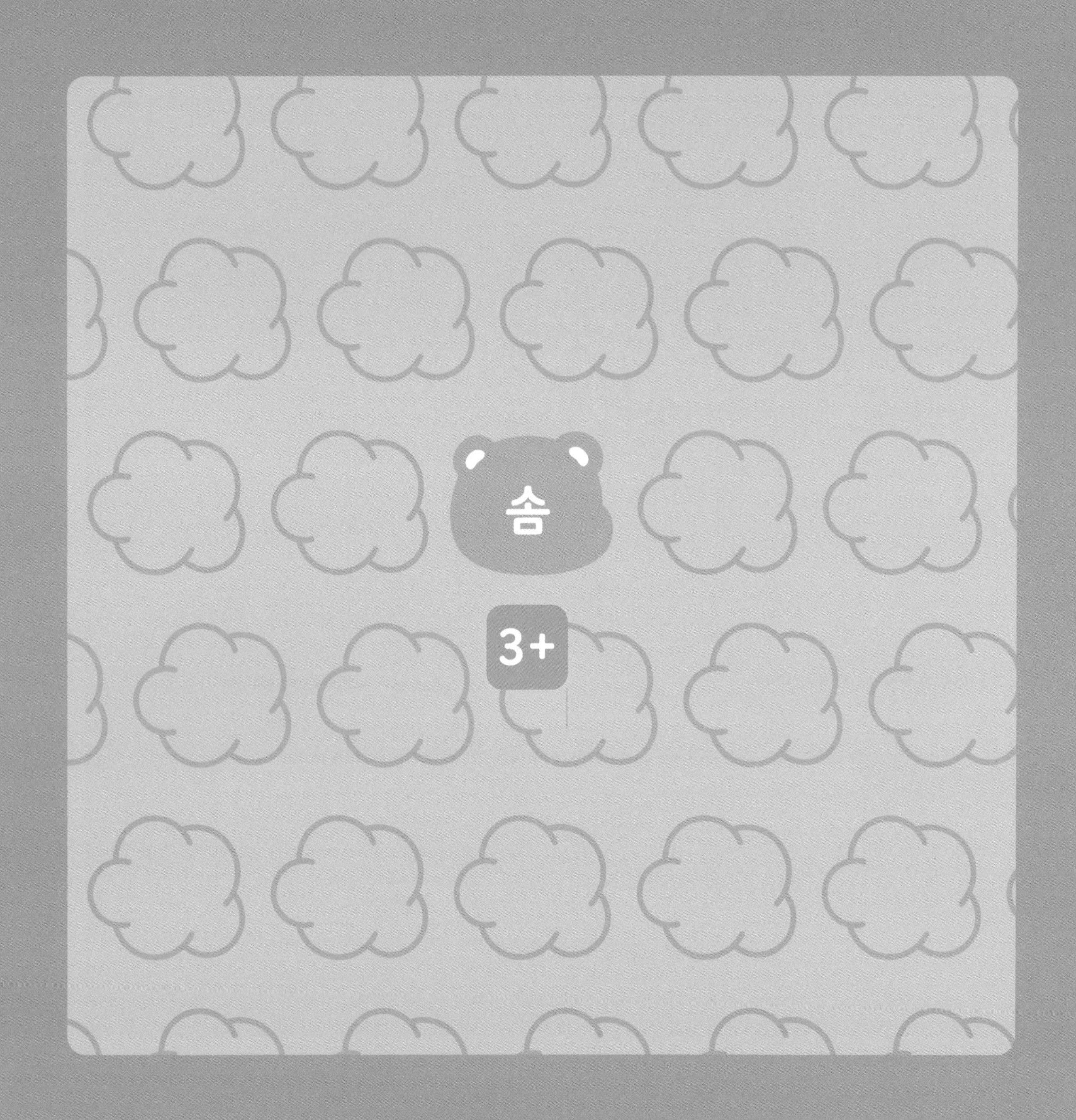

솜
3+

7 아이돌 스퀴시북

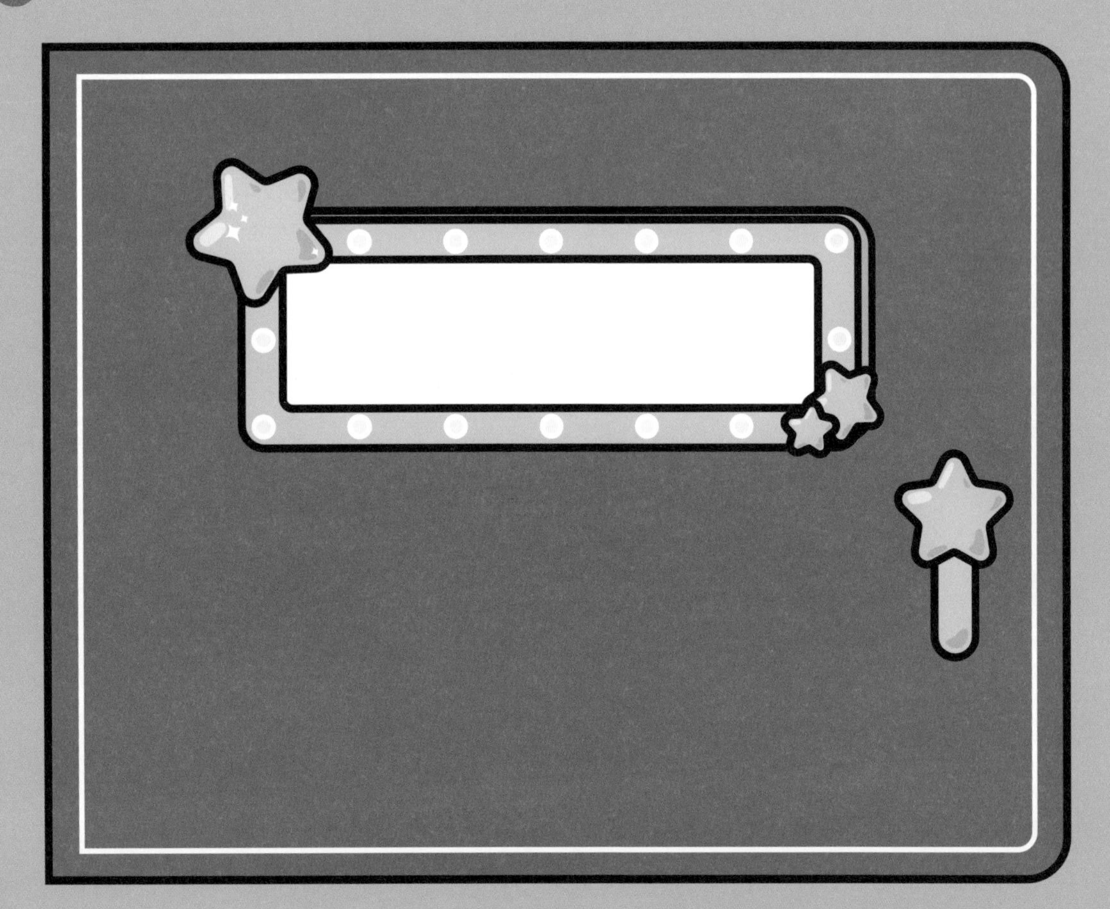

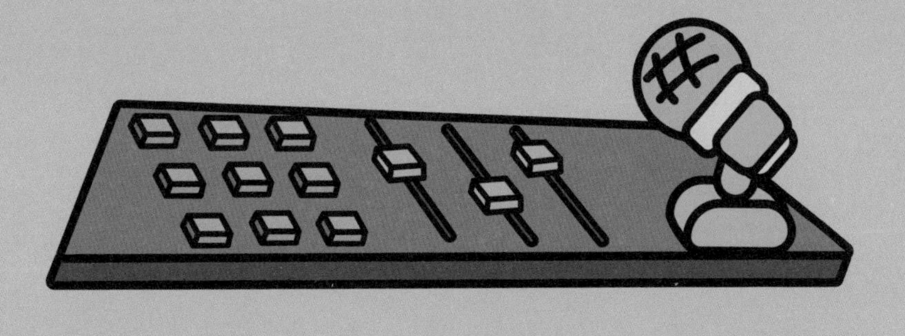

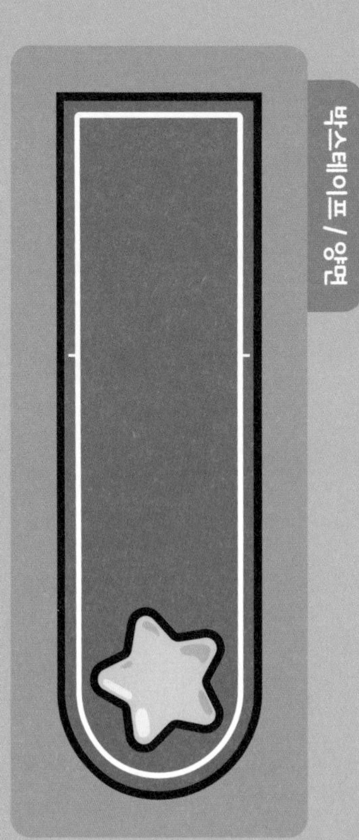

DDUNDDUN TOY

1 선생님 스퀴시북

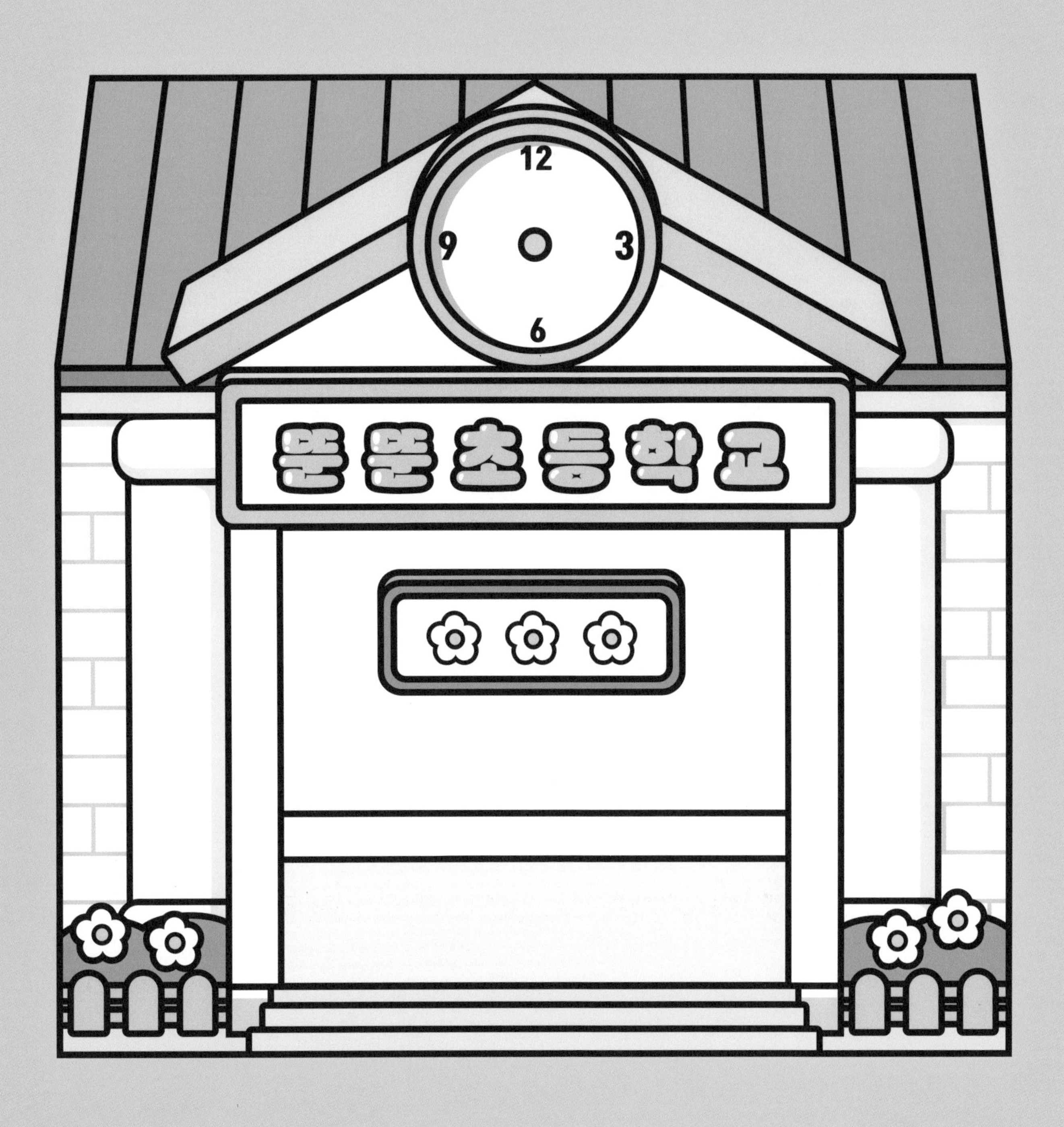

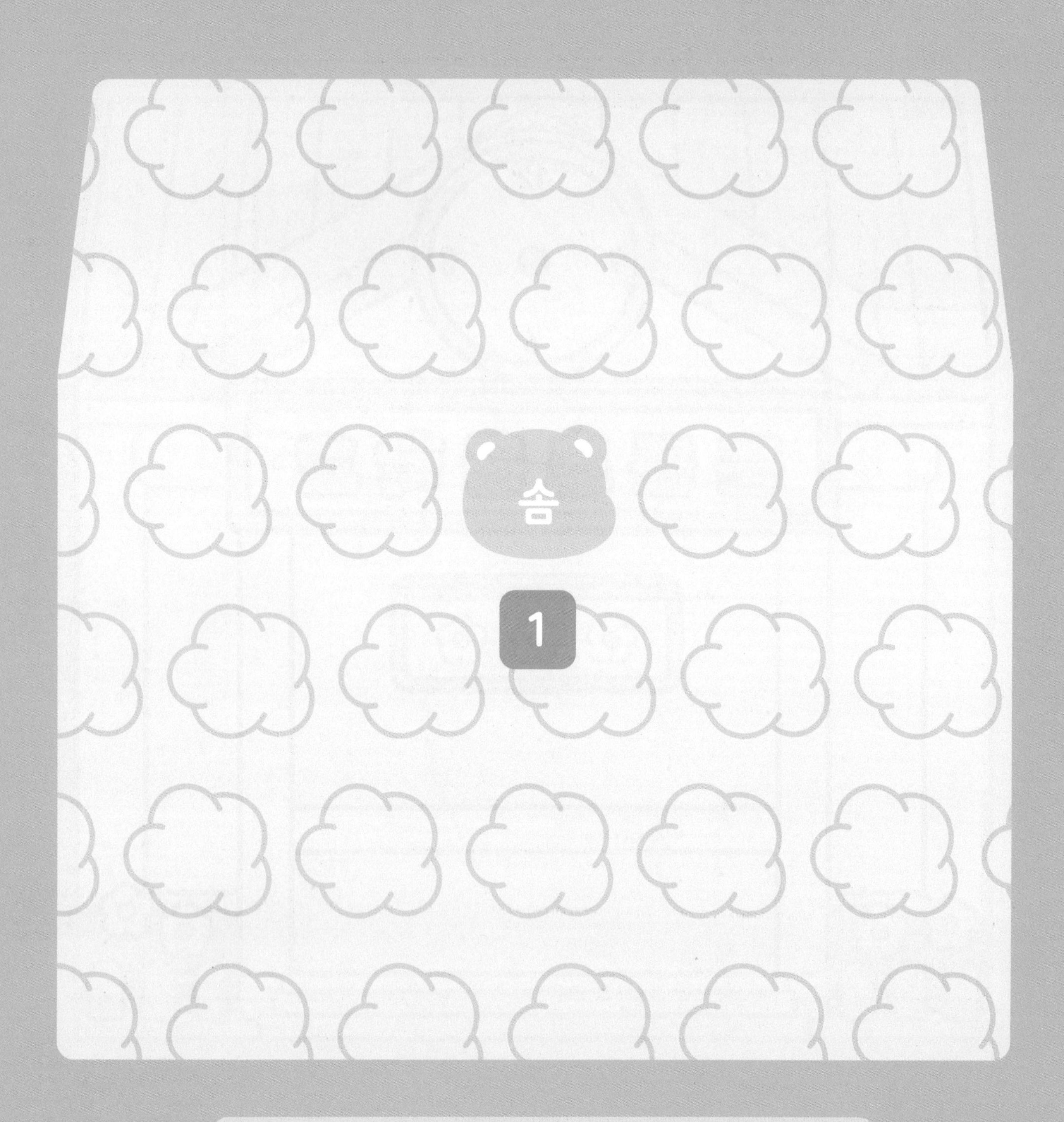
솜
1

2 선생님 스퀴시북

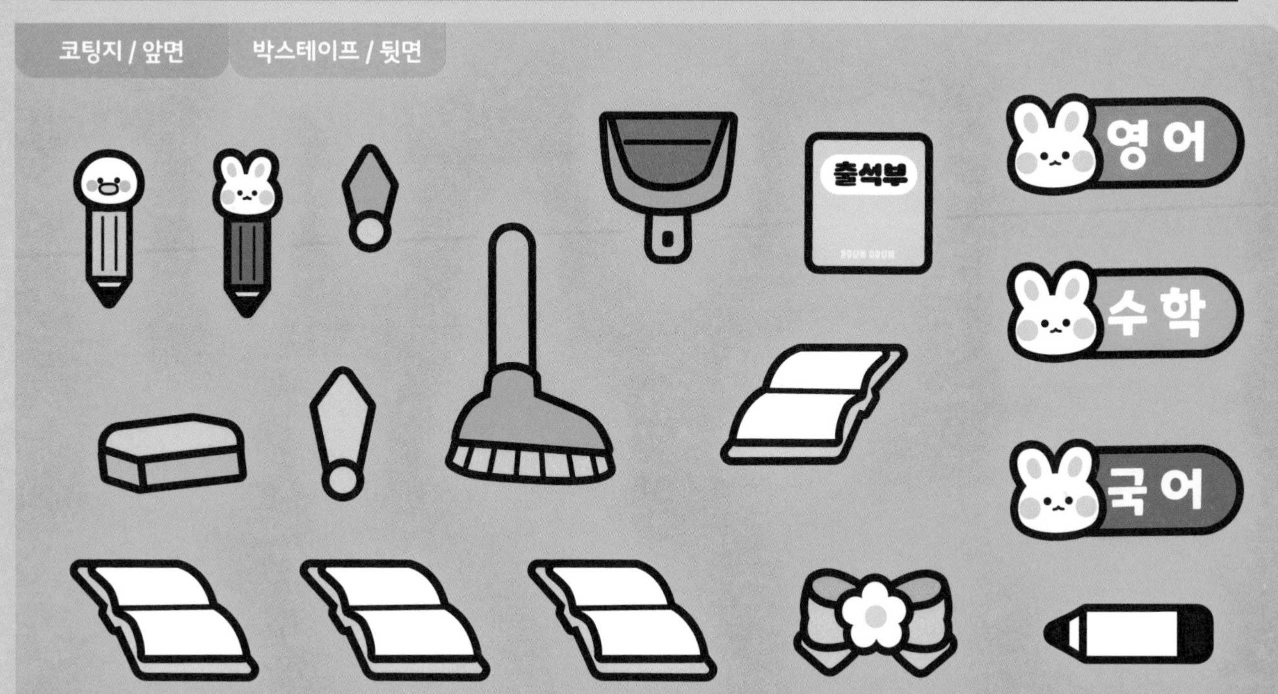

솜
1+

3 선생님 스퀴시북

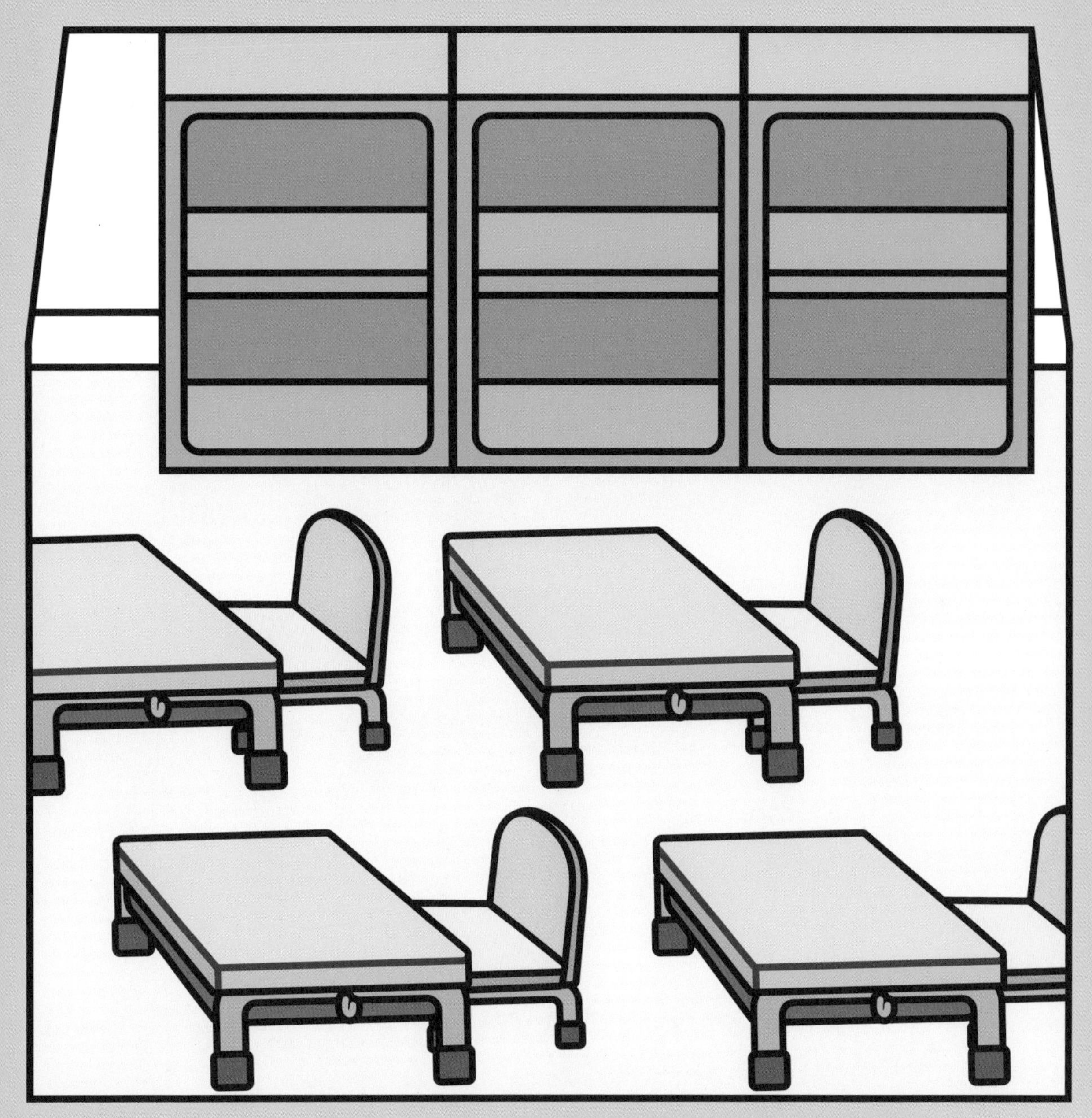

코팅지 / 앞면 박스테이프 / 뒷면

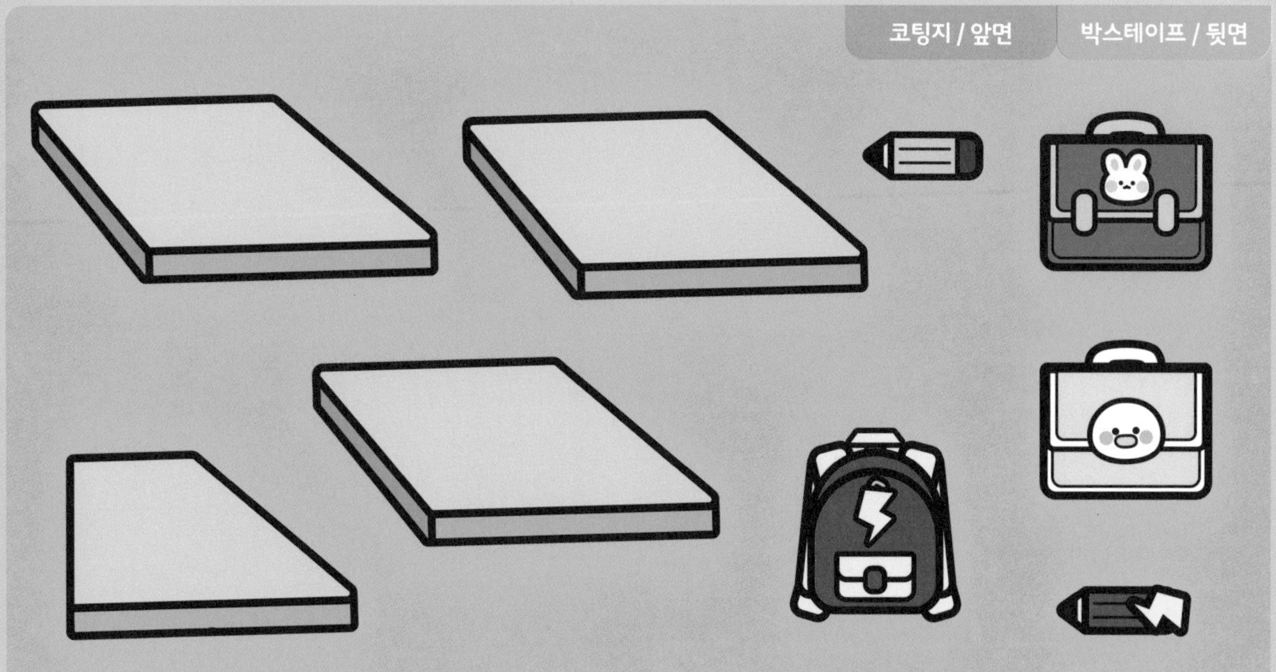

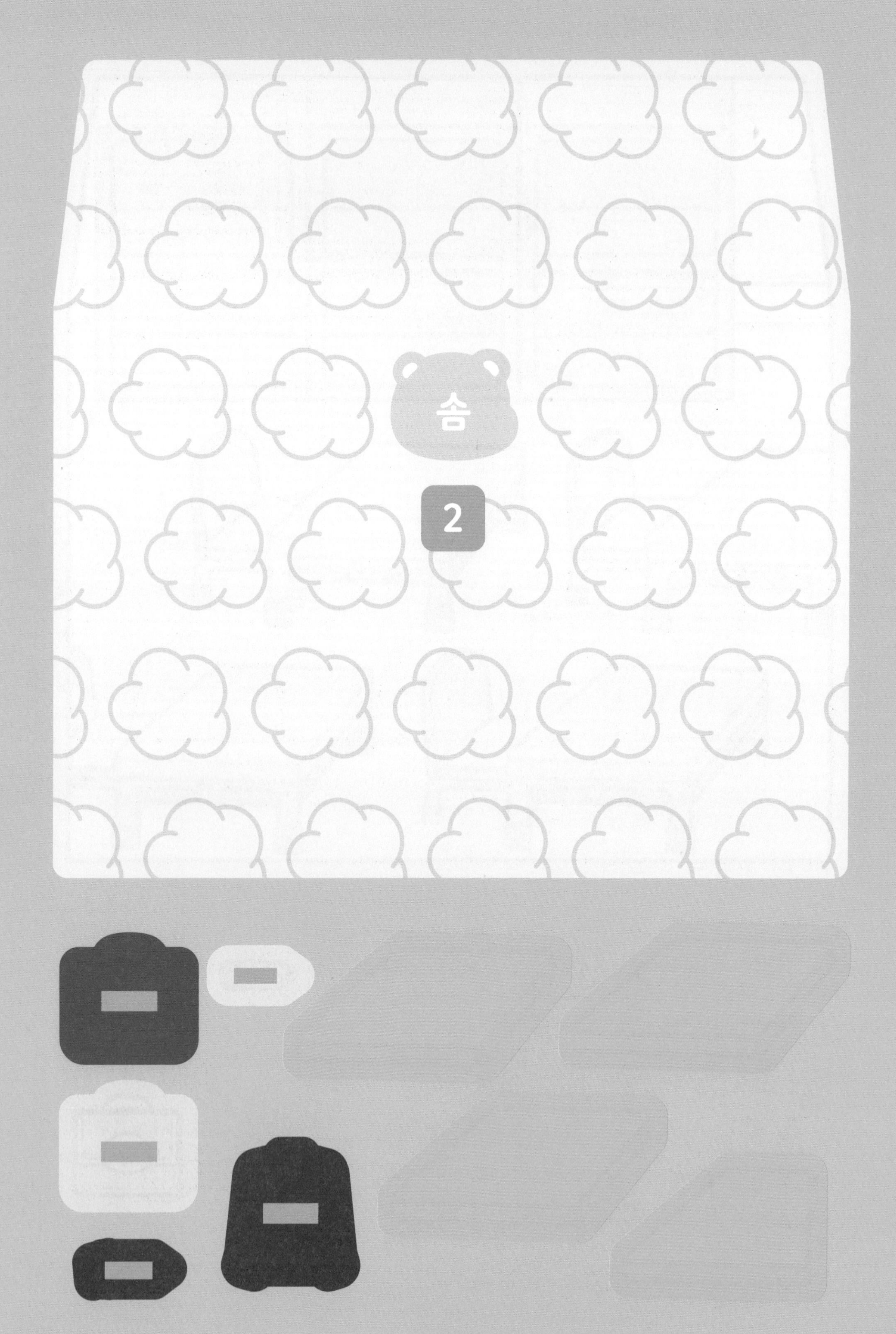

솜
2

4 선생님 스퀴시북

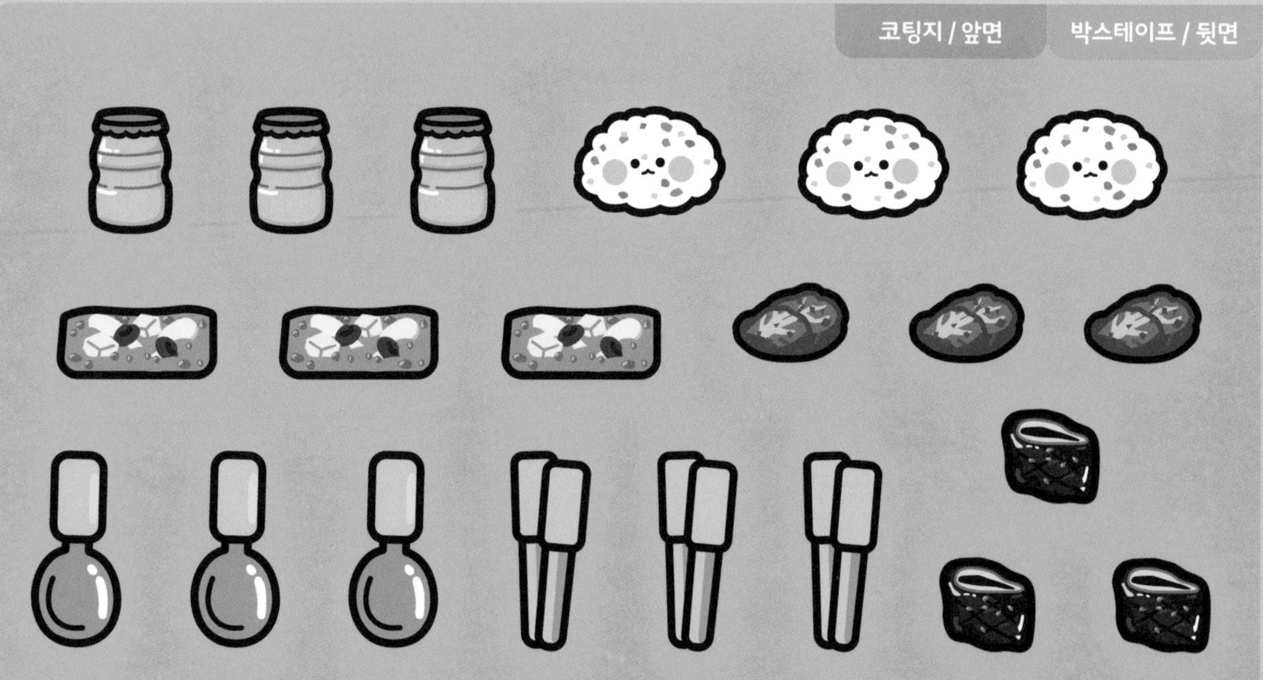

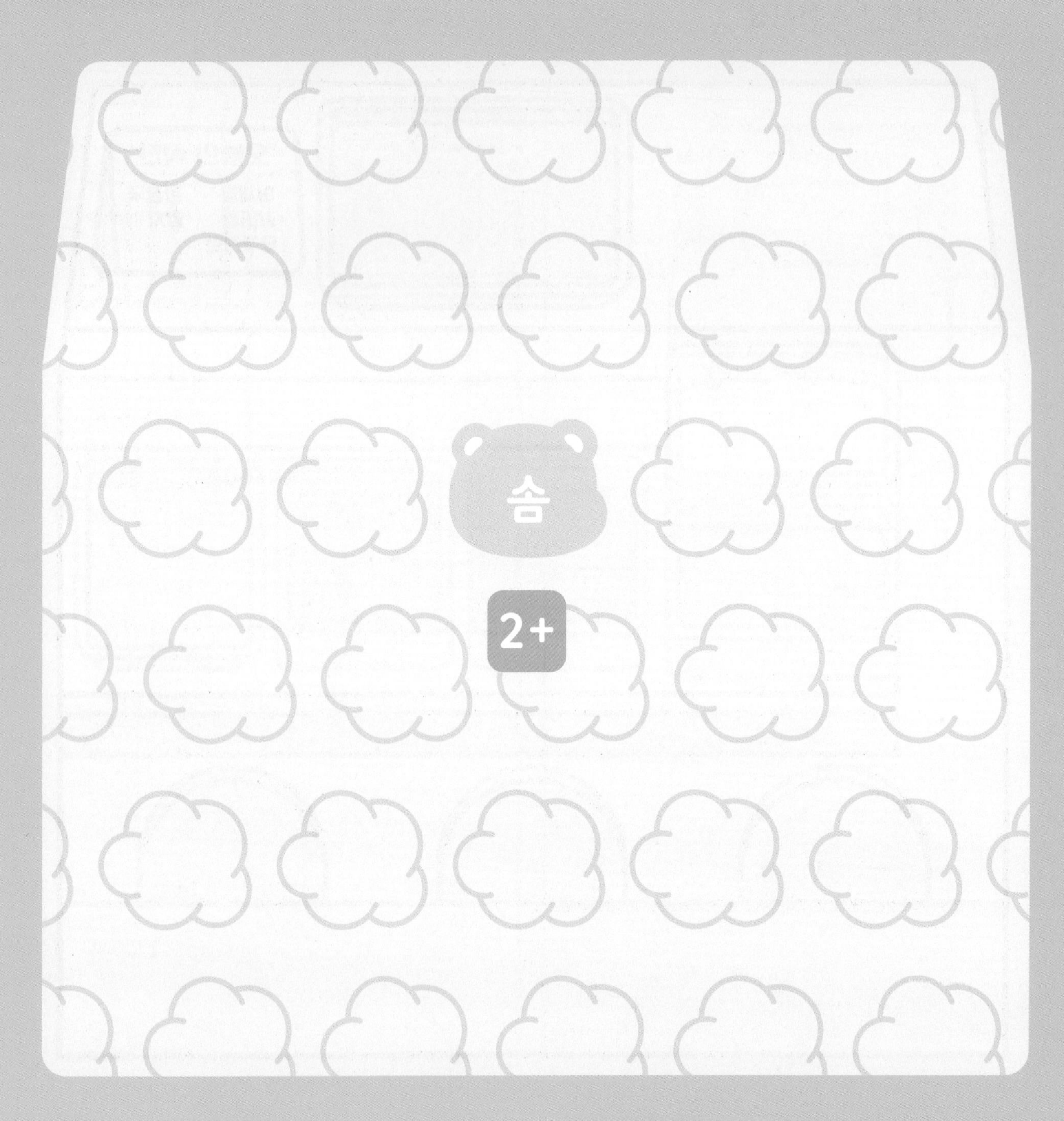
솜
2+

5 선생님 스퀴시북

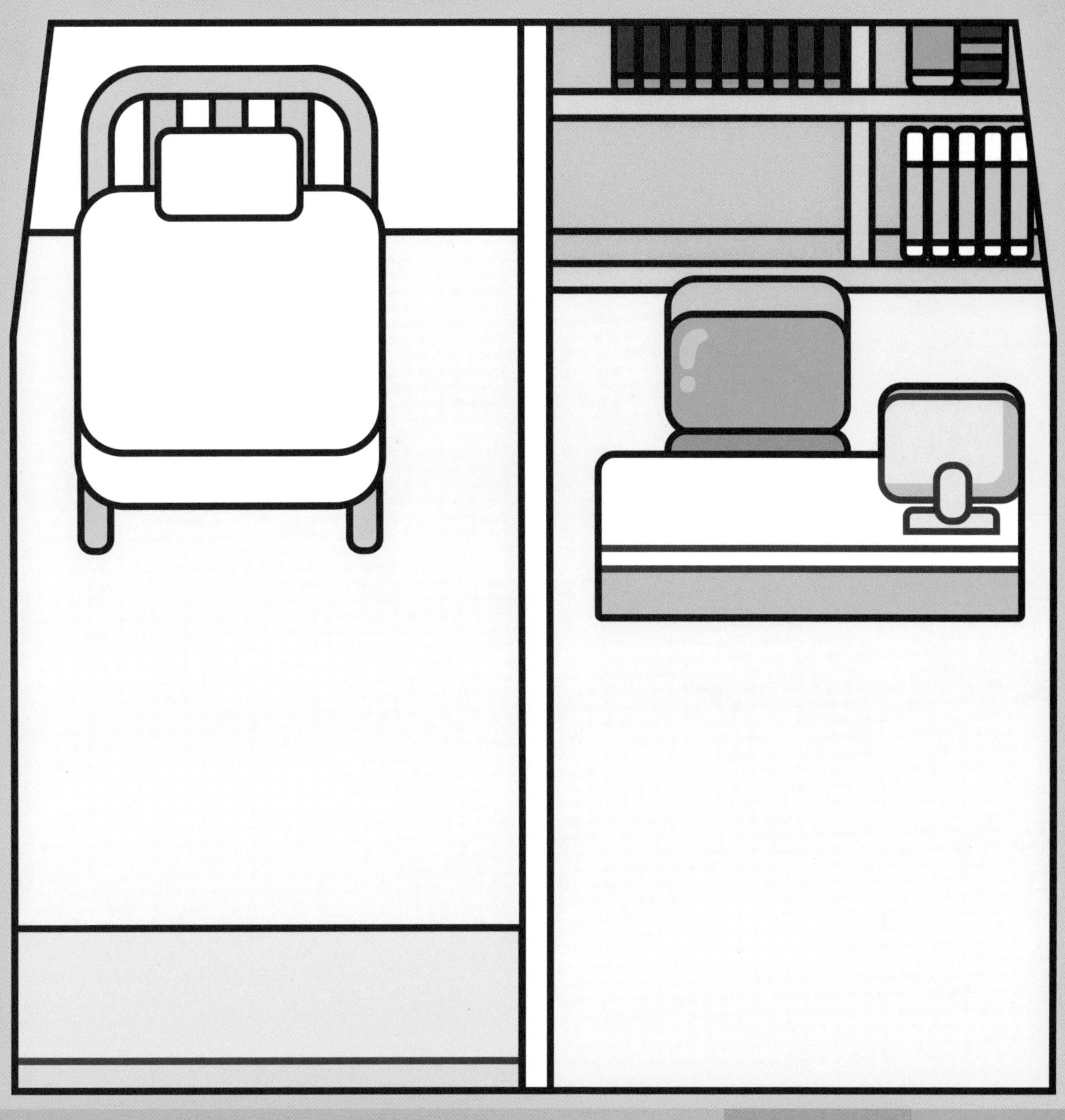

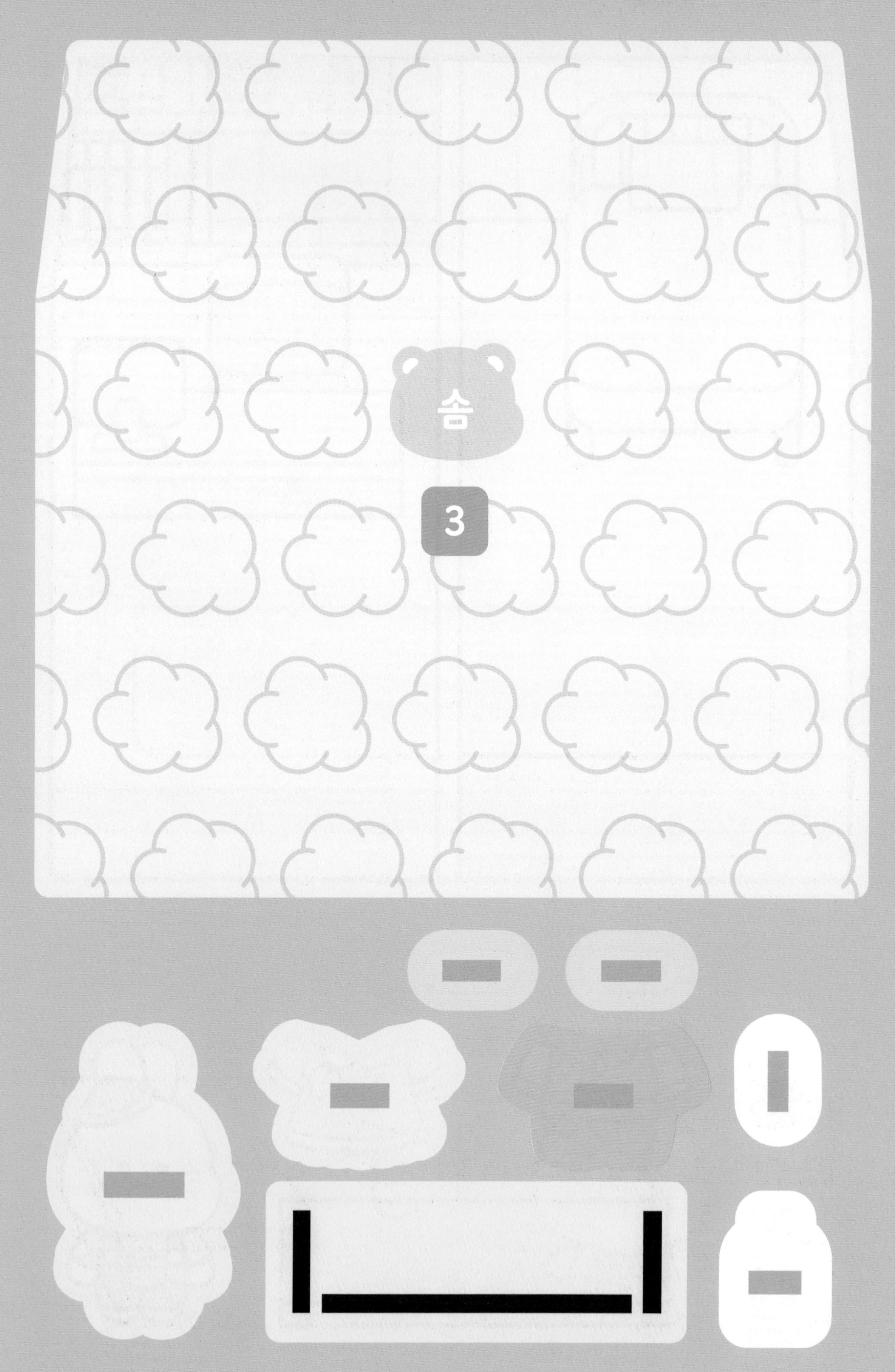
솜
3

6 선생님 스퀴시북

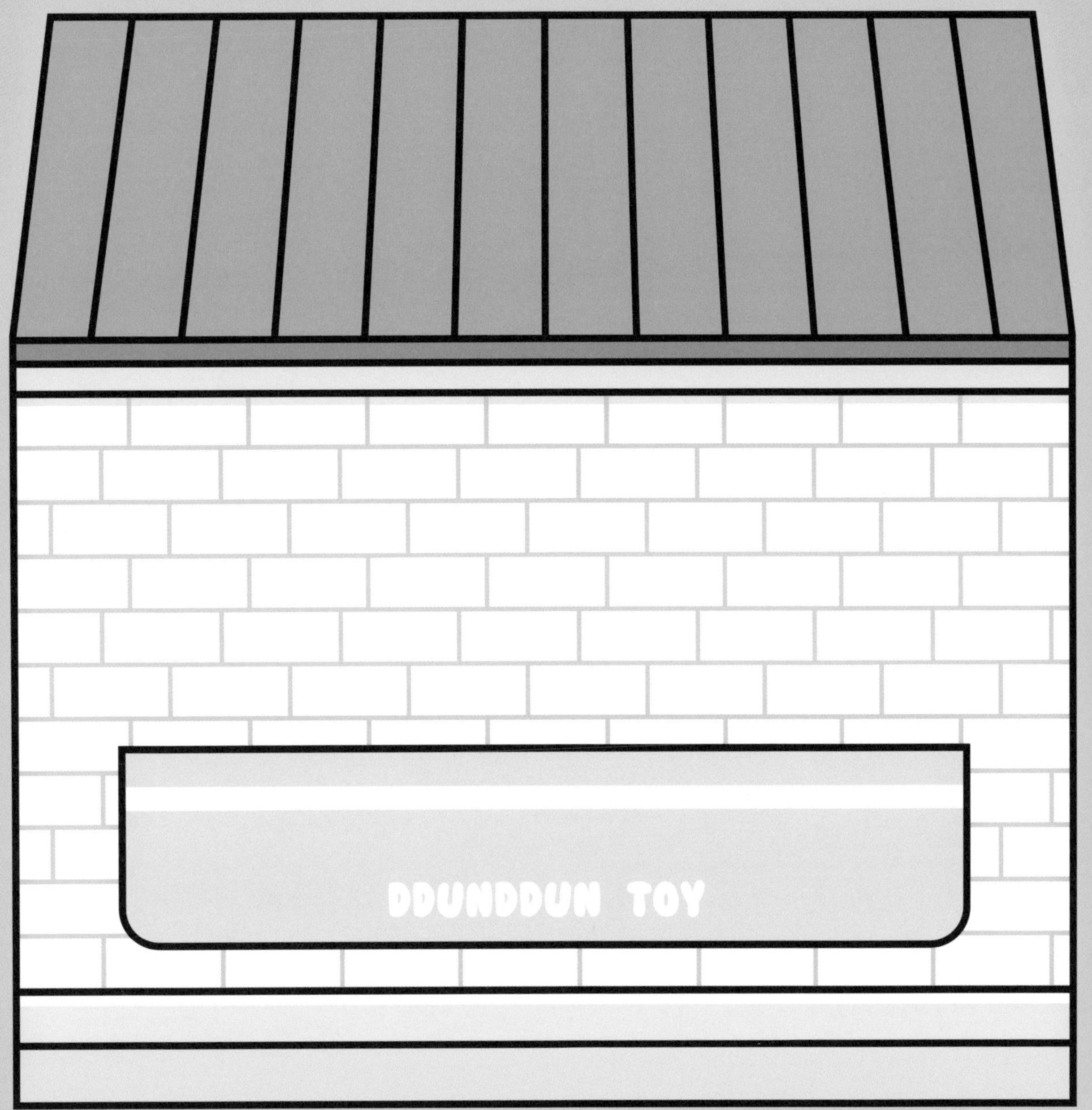

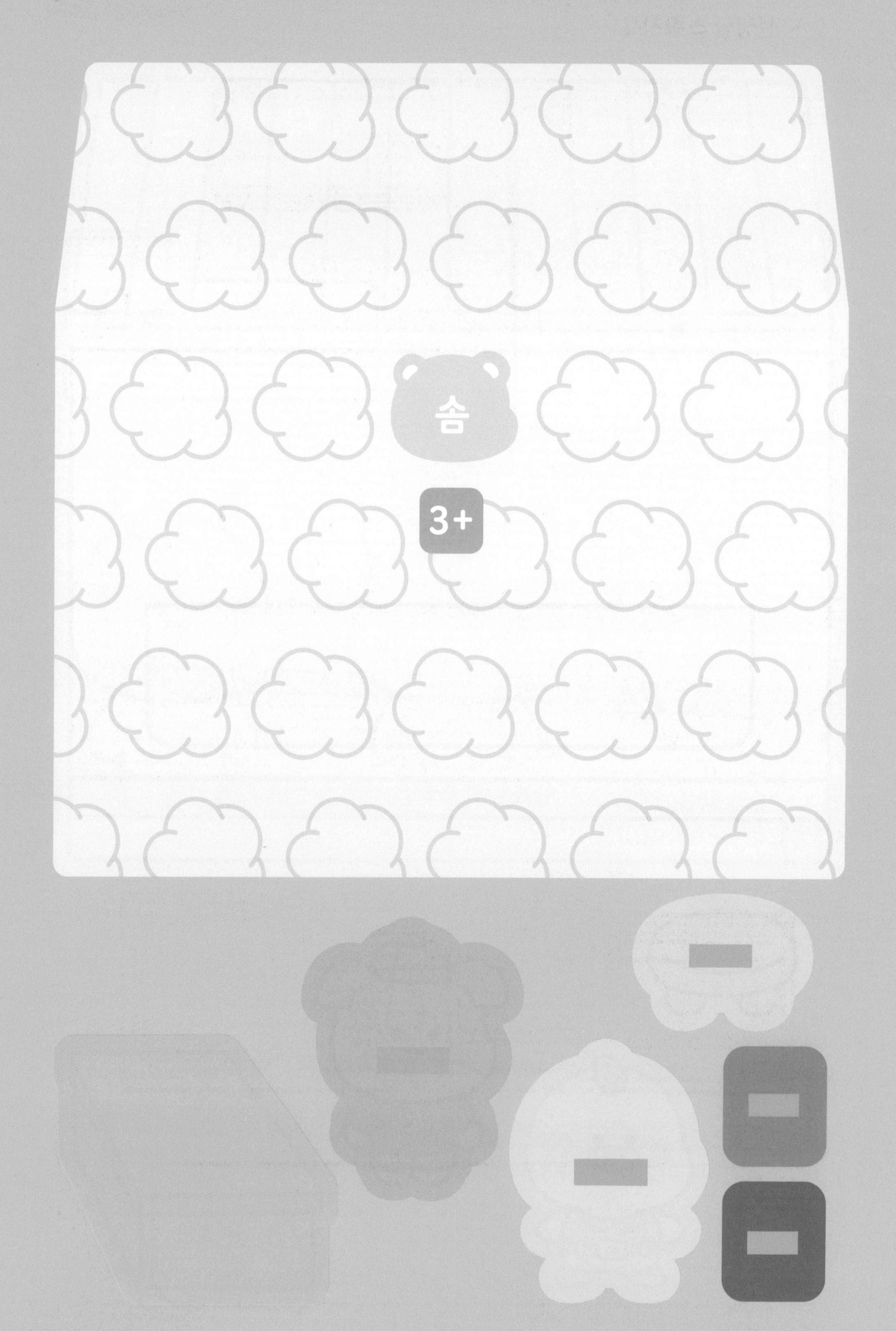
솜
3+

7 선생님 스퀴시북

코팅지 / 앞면 박스테이프 / 뒷면

8 선생님 스퀴시북

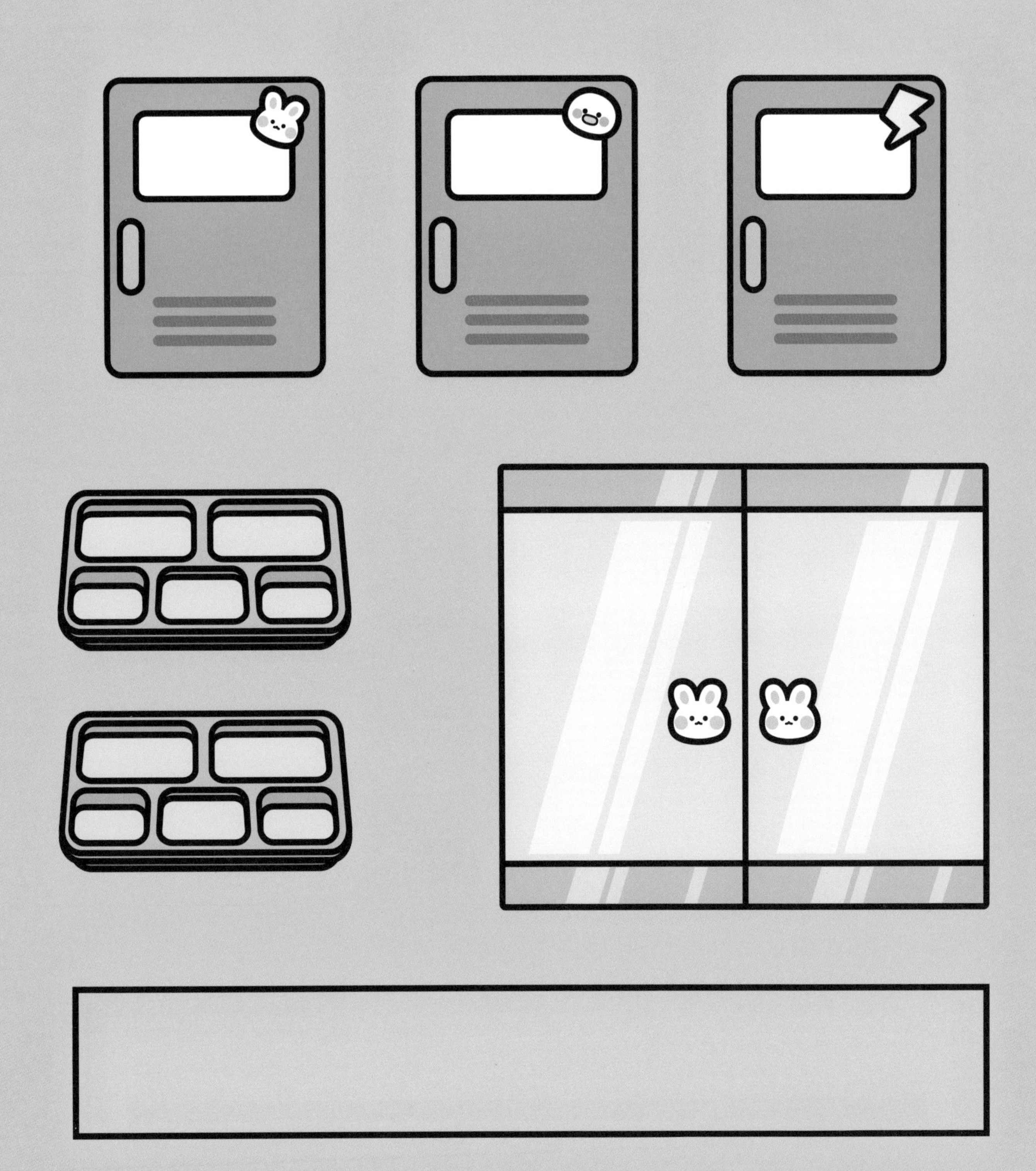

박스테이프 / 양면

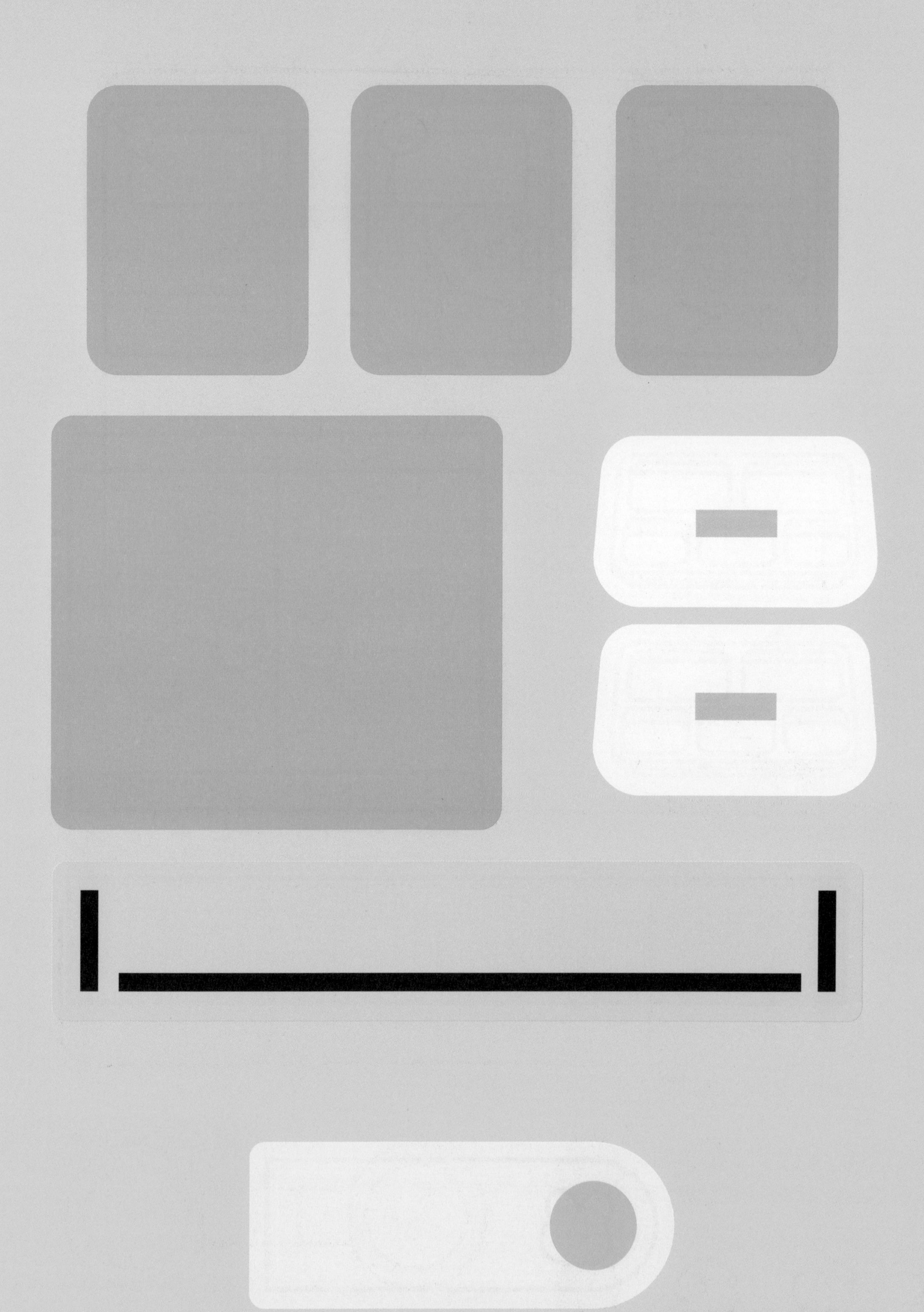

1 운동선수 종이놀이북

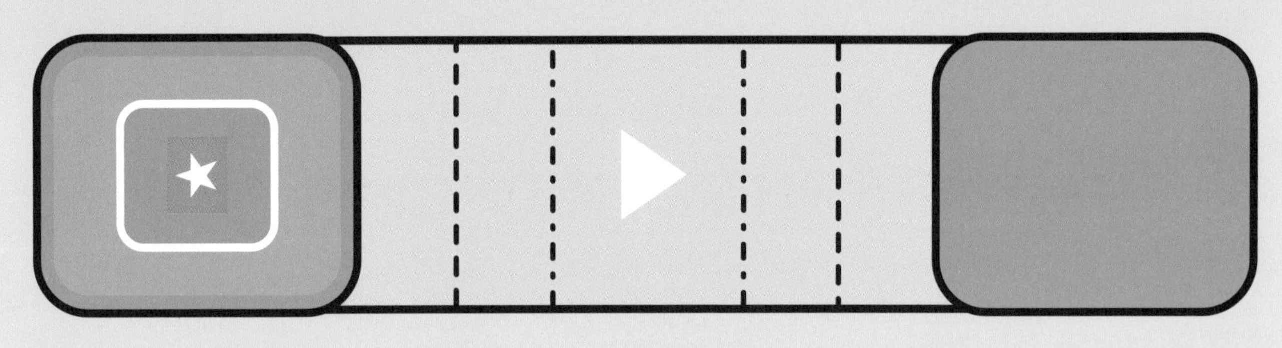

2 운동선수 종이놀이북

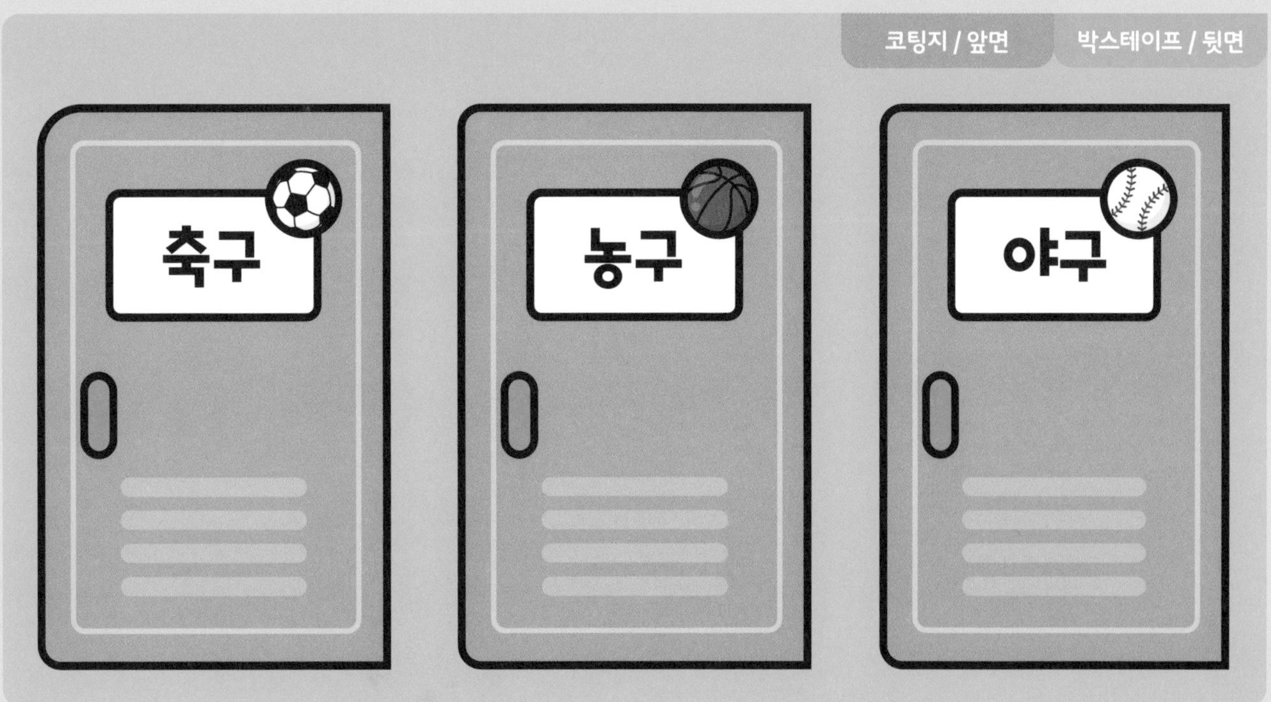

③ 운동선수 종이놀이북

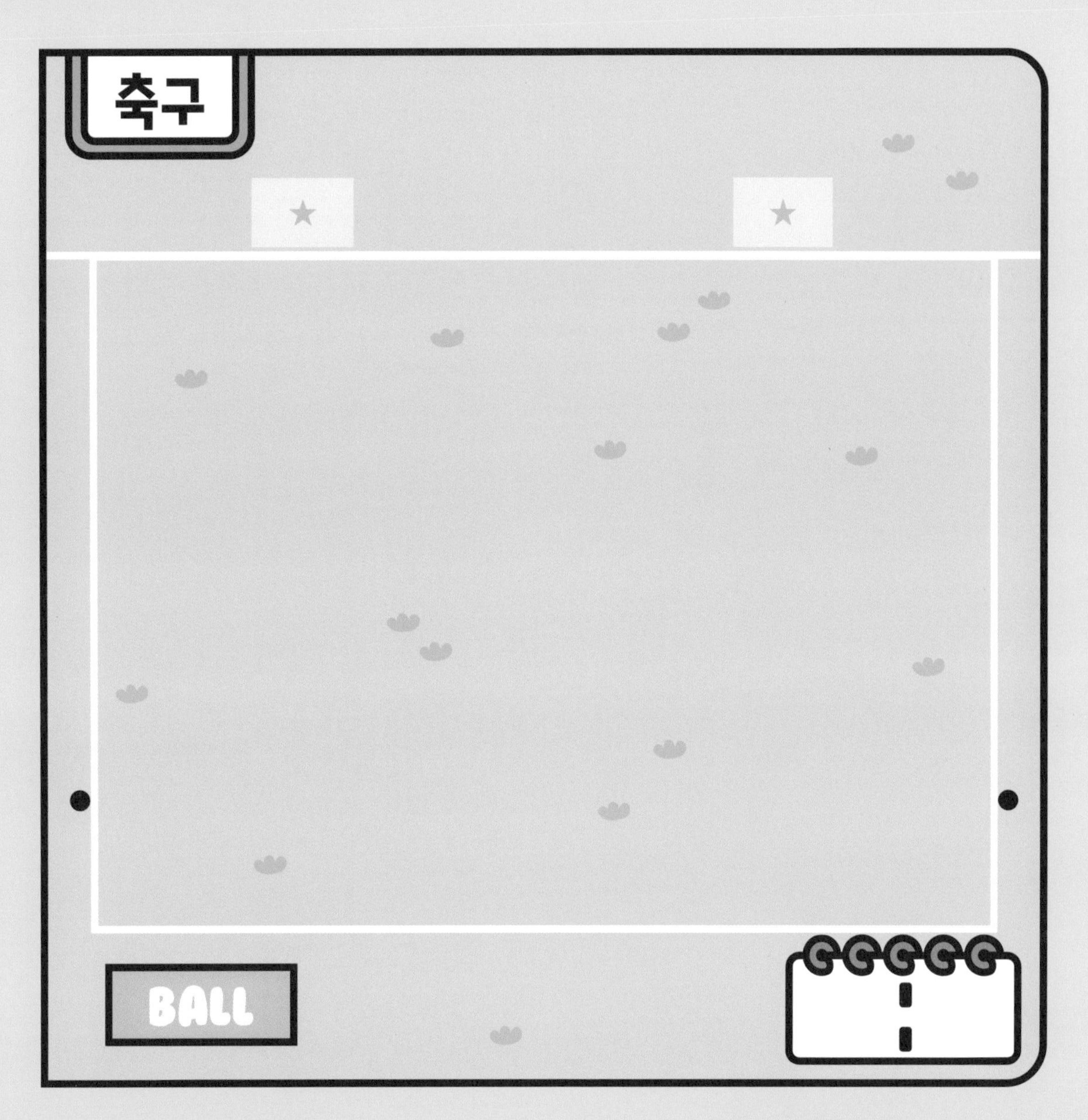

코팅지 / 앞면 박스테이프 / 뒷면

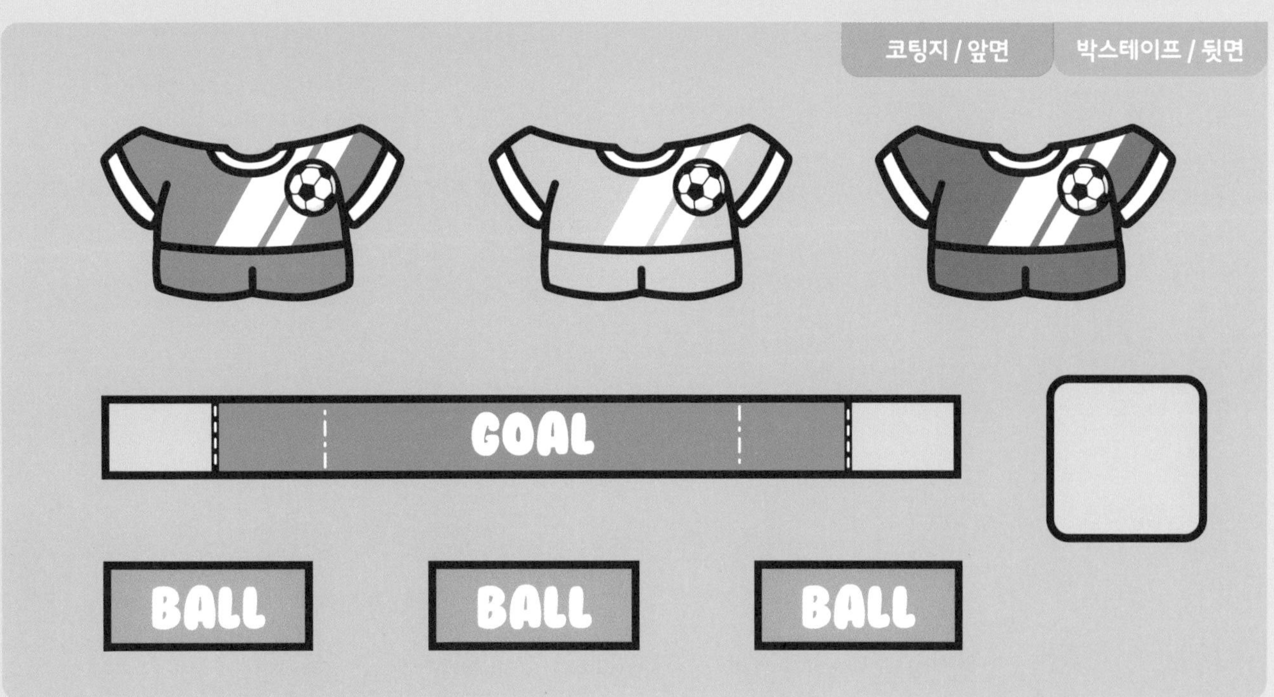

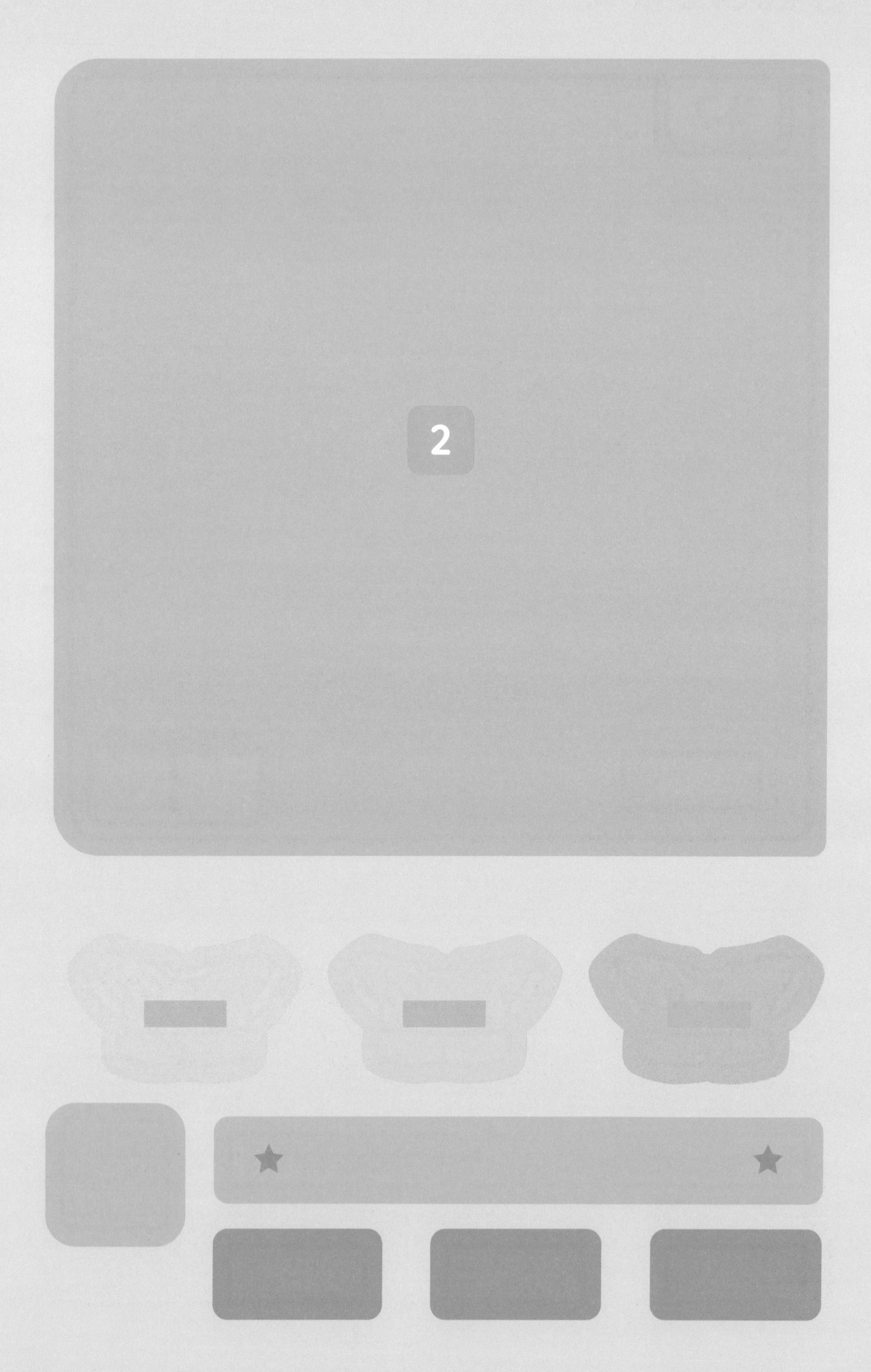
2

4 운동선수 종이놀이북

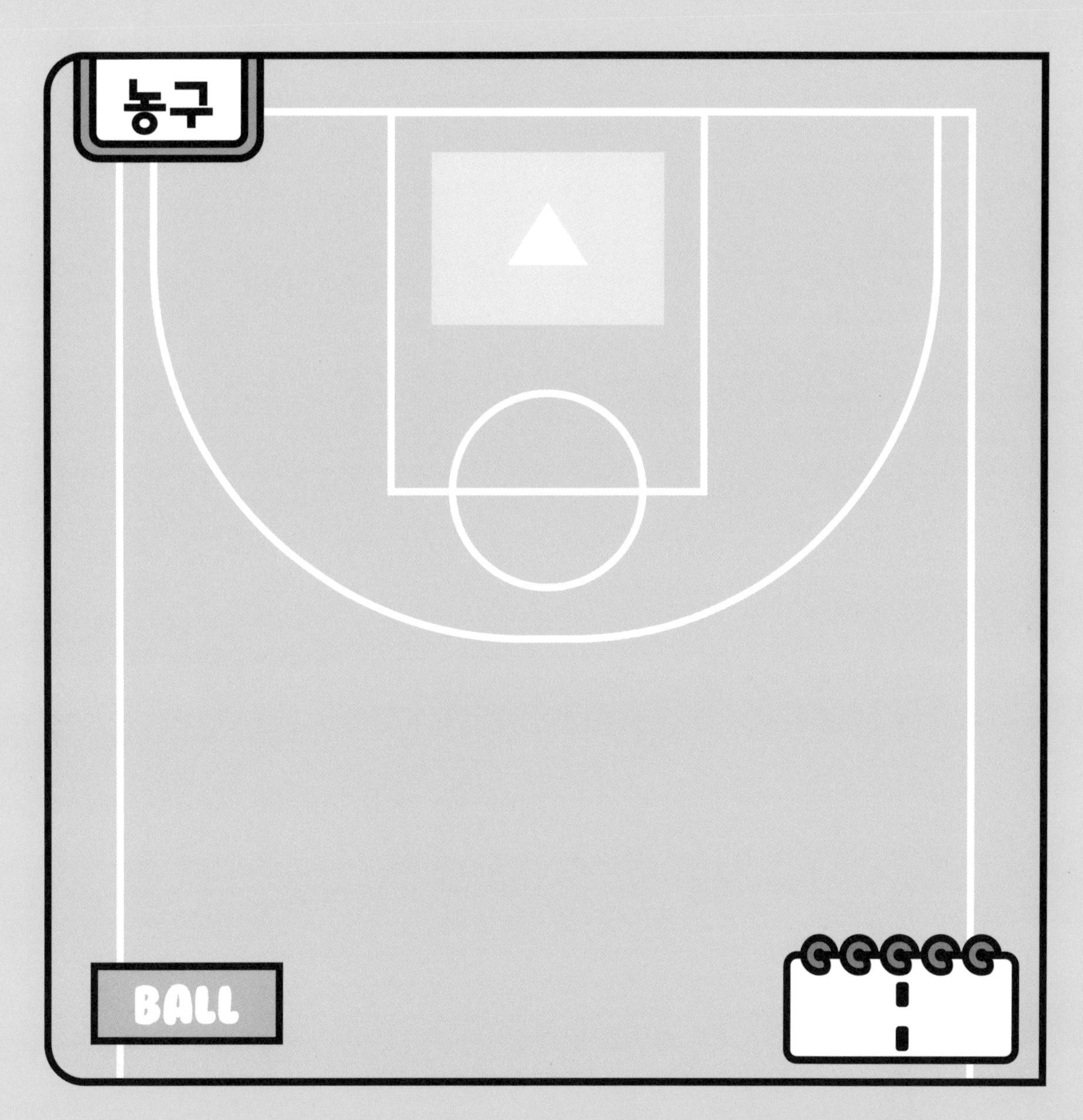

코팅지 / 앞면 박스테이프 / 뒷면

2+

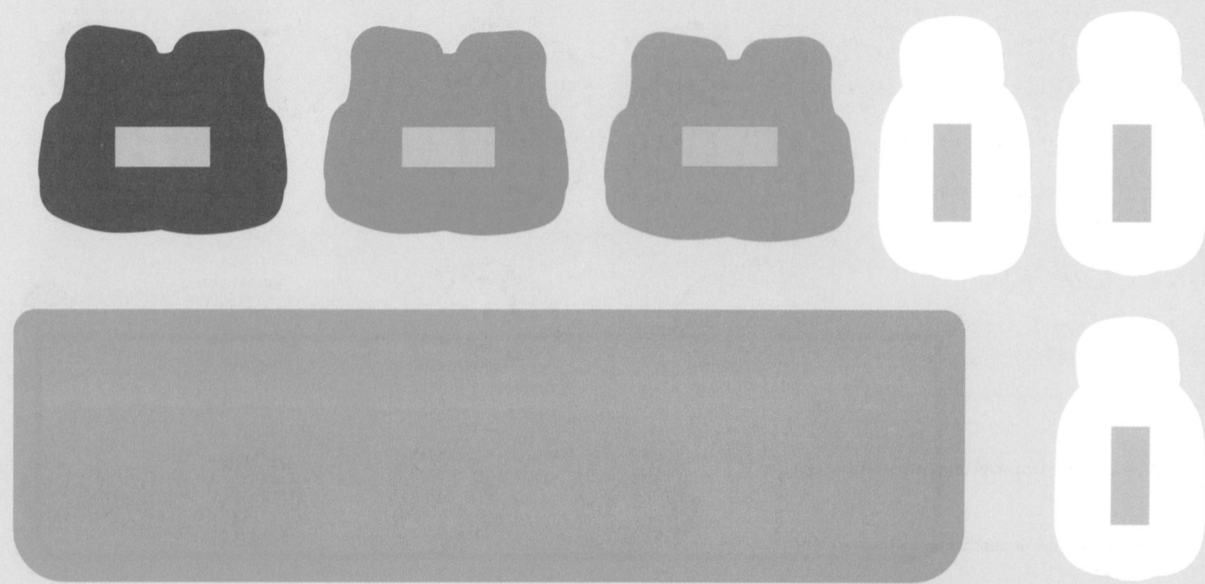

5 운동선수 종이놀이북

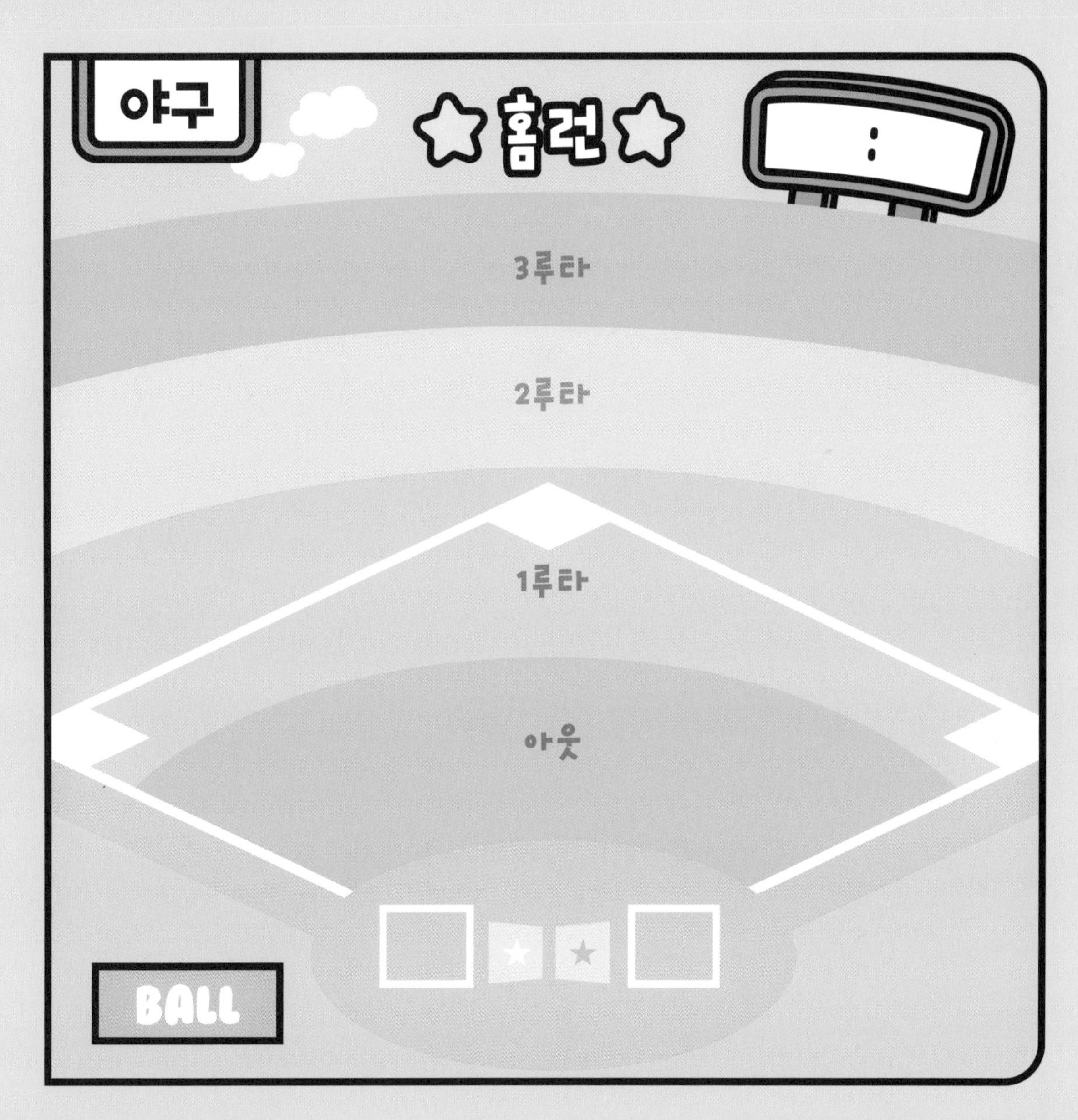

3

6 운동선수 종이놀이북

3+

❶ 승무원 종이놀이북

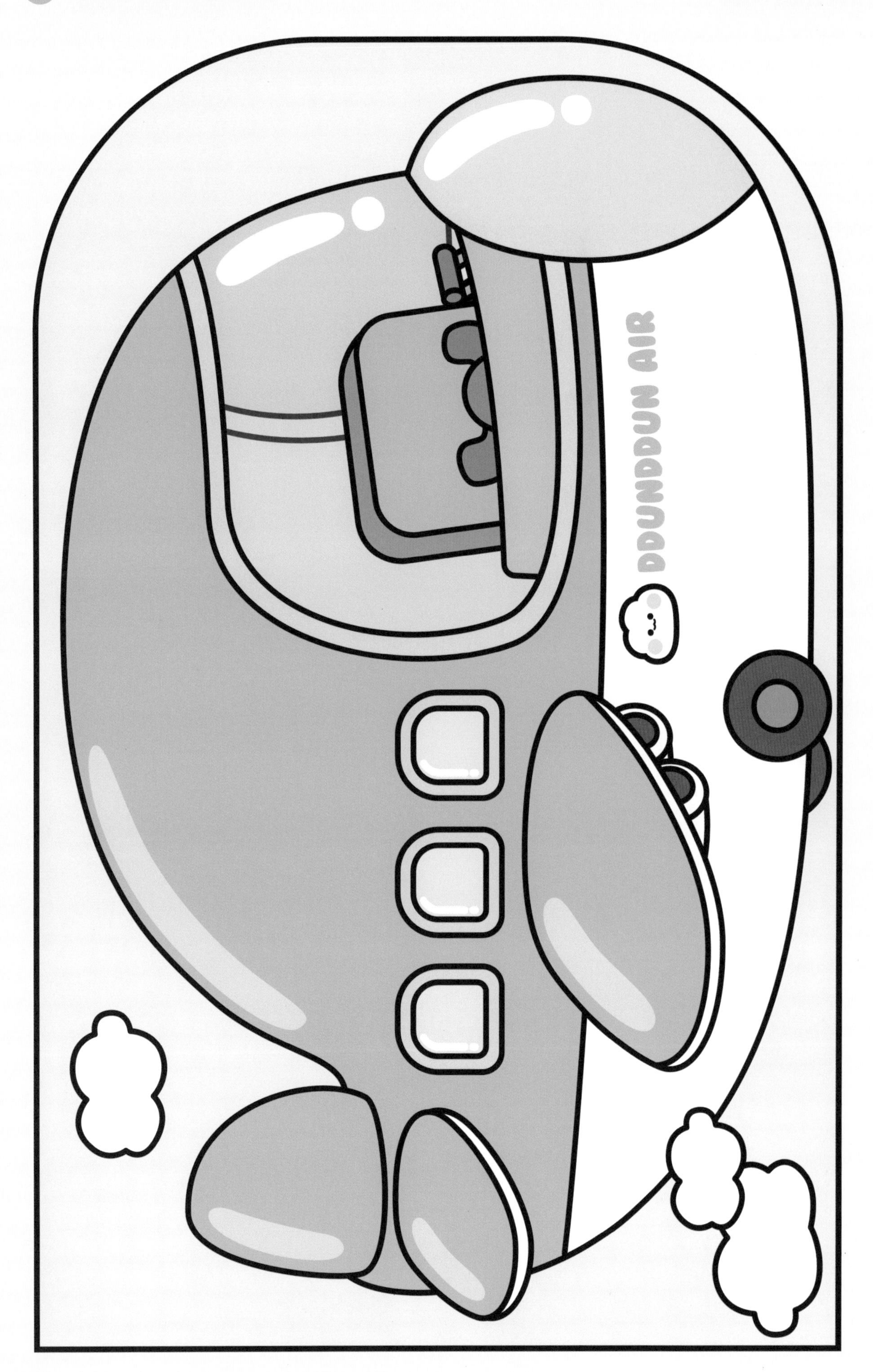

2 승무원 종이놀이북

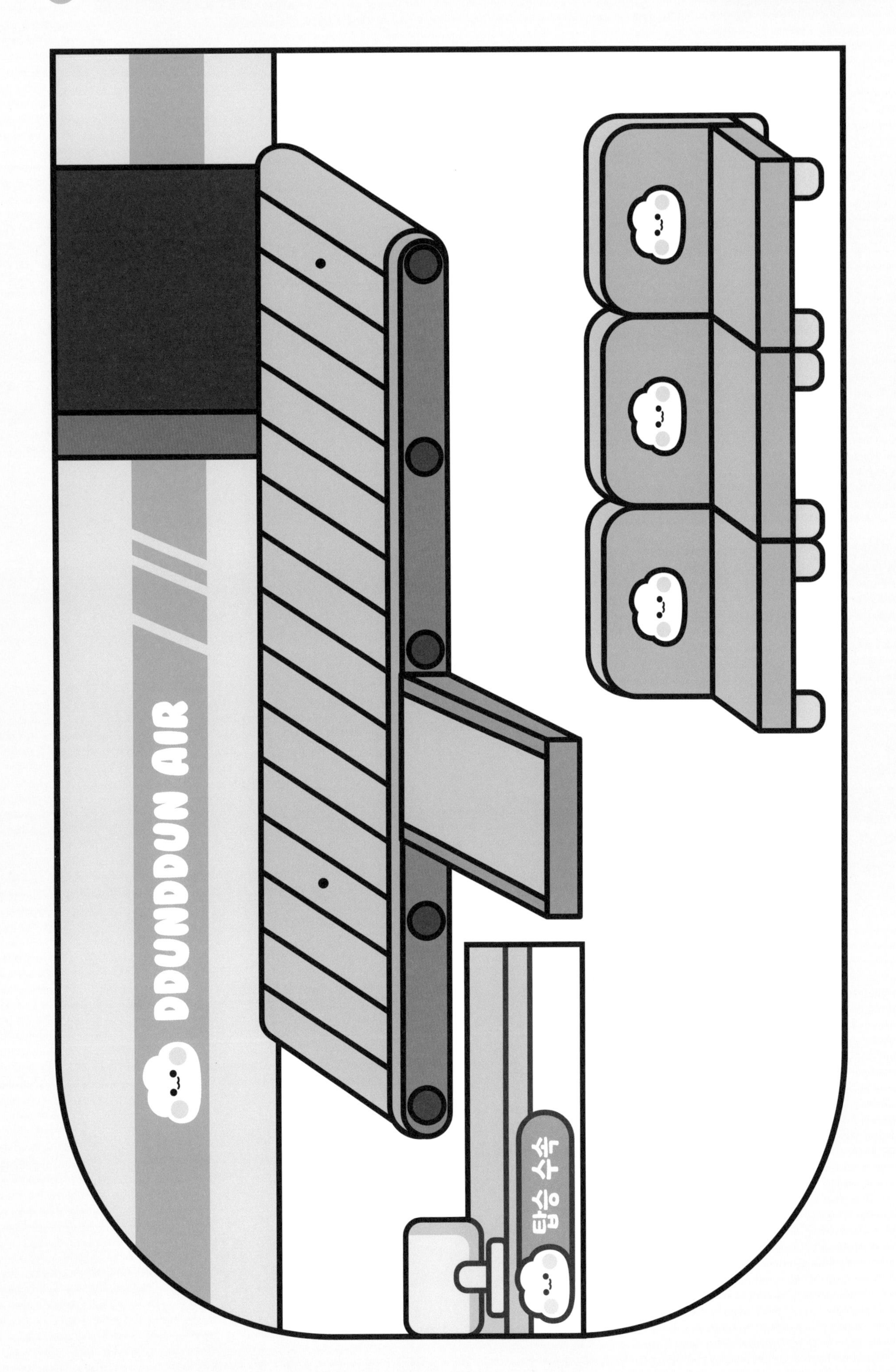

③ 승무원 종이놀이북

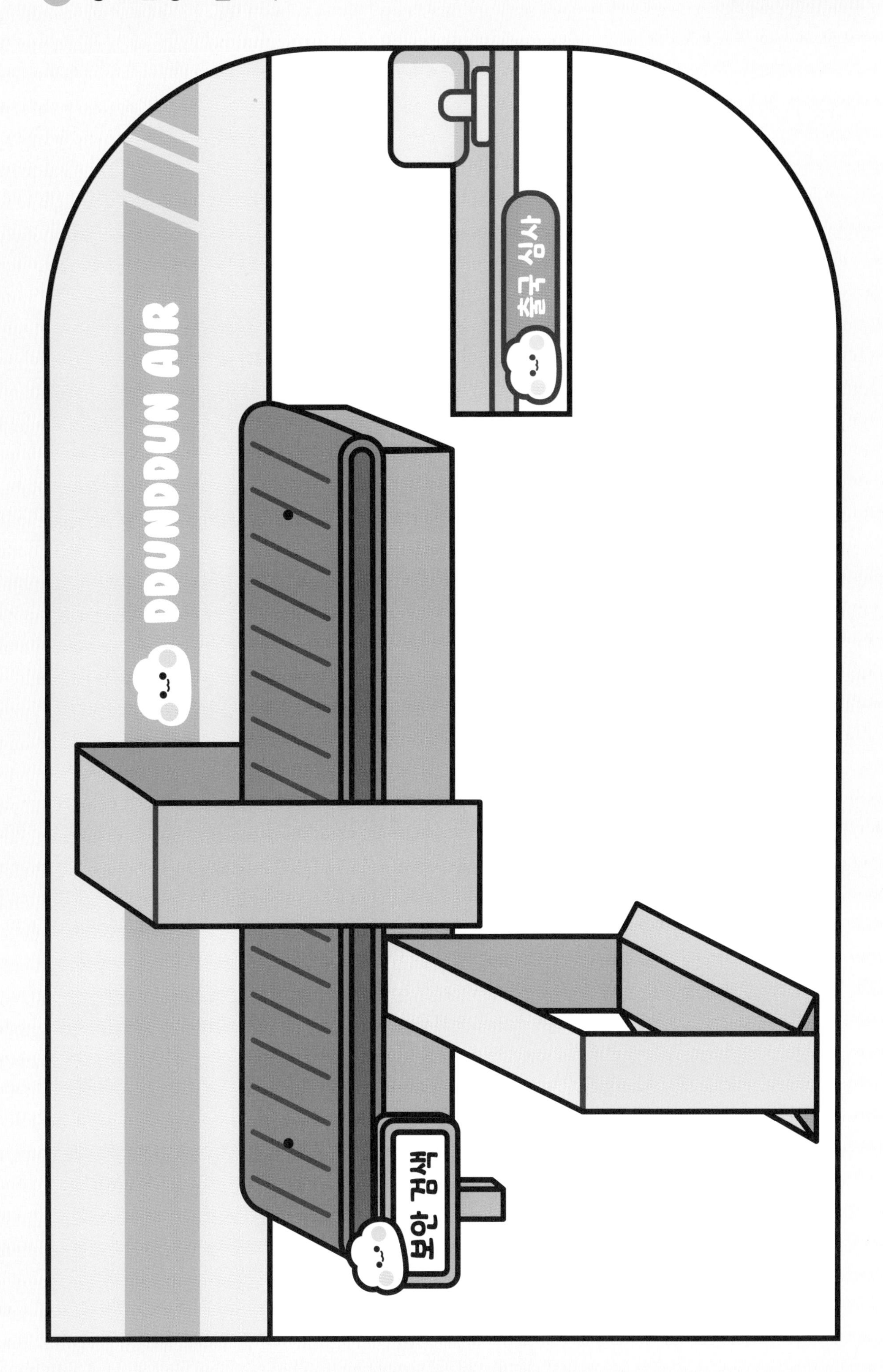

2

4 승무원 종이놀이북

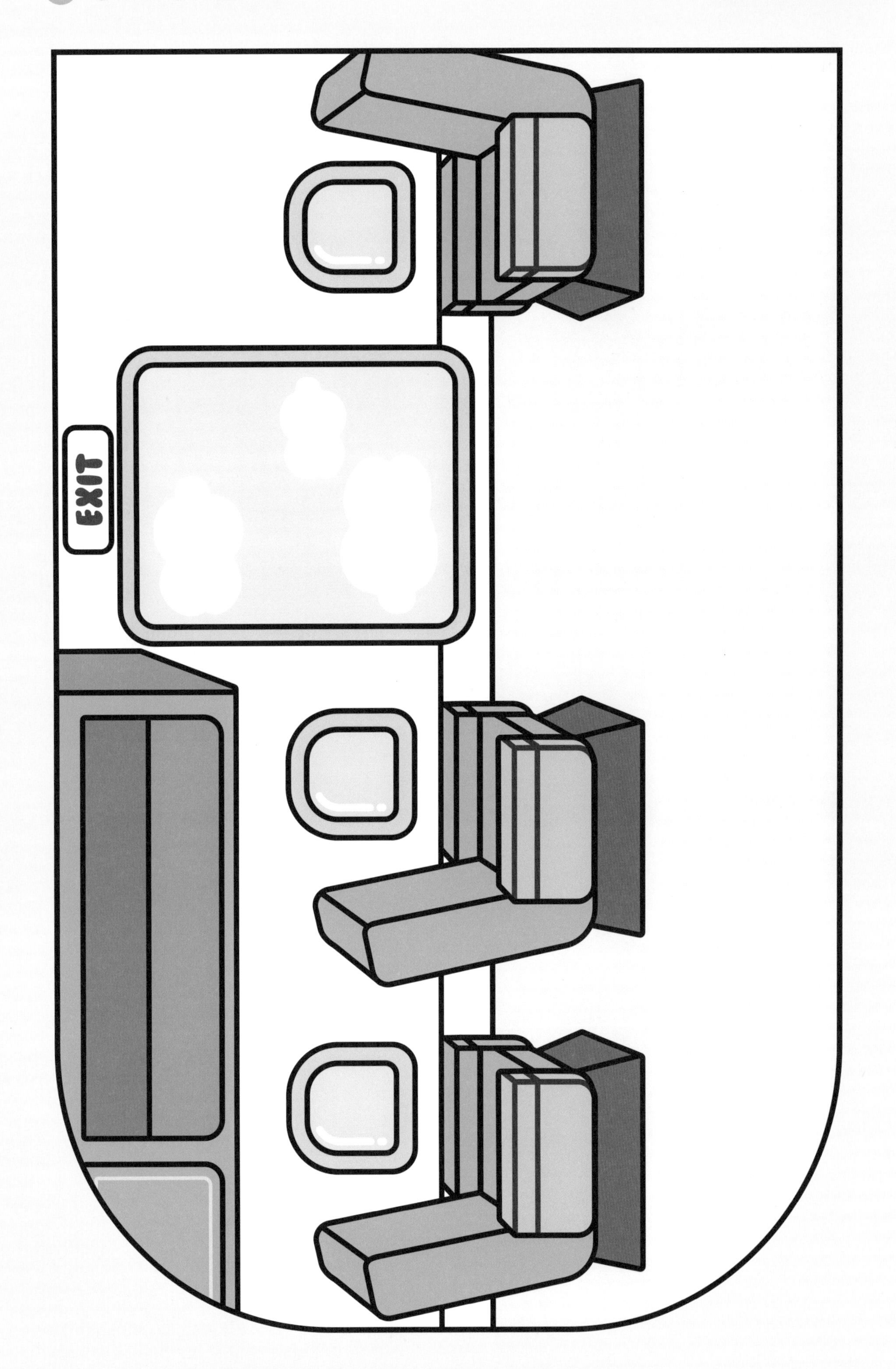

2+

5 승무원 종이놀이북

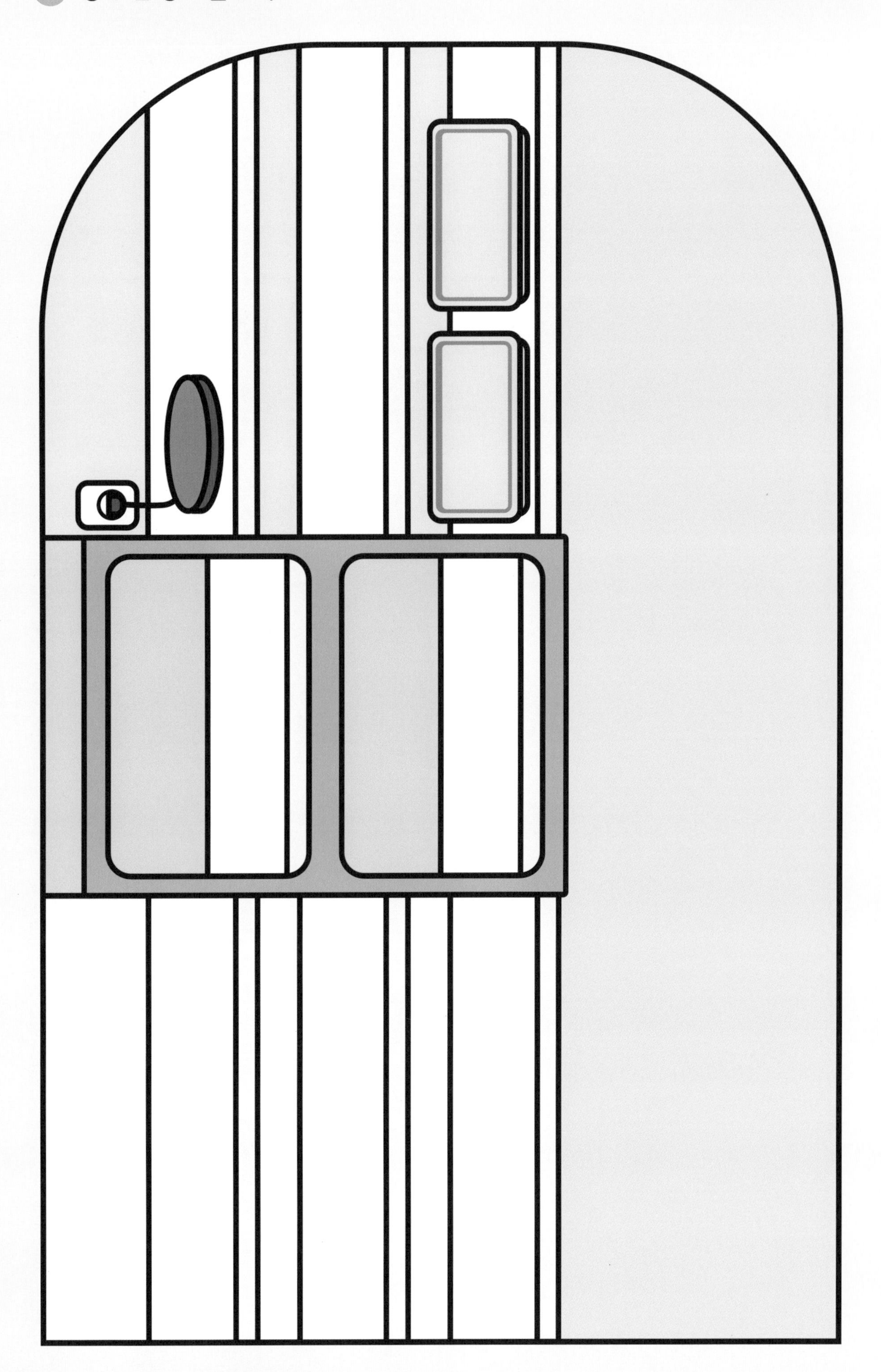

3

6 승무원 종이놀이북

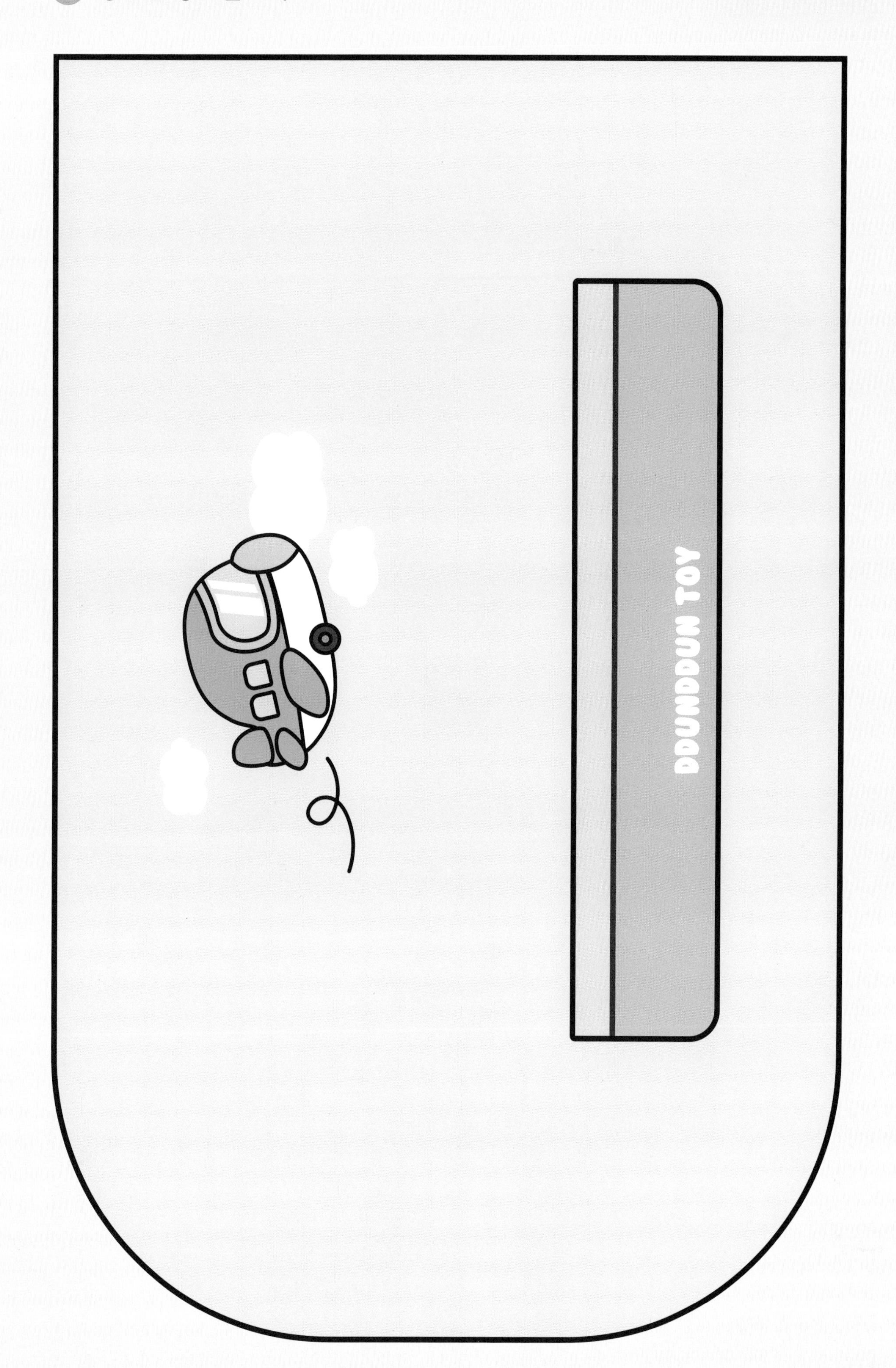

7 승무원 종이놀이북

8 승무원 종이놀이북

9 승무원 종이놀이북

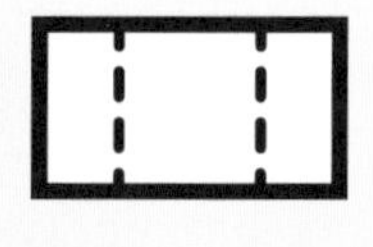
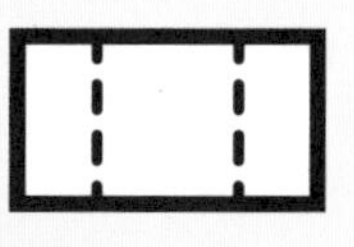

컵라면
컵라면

컵라면
컵라면

컵라면
컵라면

PEANUT

PEANUT

PEANUT

PEANUT

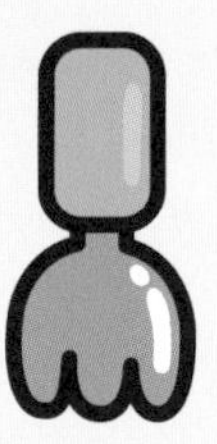

DDUNUDDUN AIR
TICKET

DDUNUDDUN AIR
TICKET

PASSPORT

PASSPORT

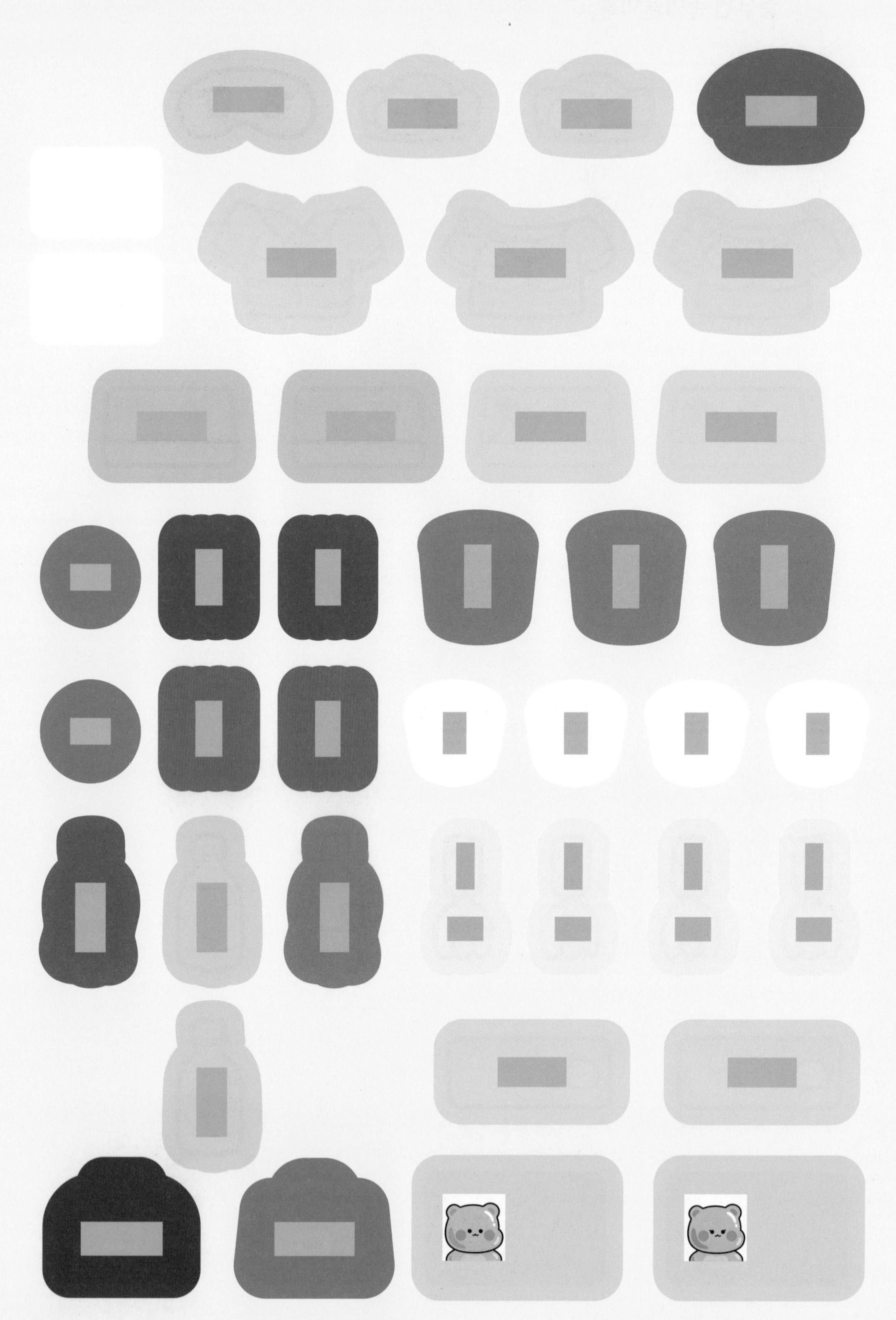

1 패션 디자이너 스퀴시북

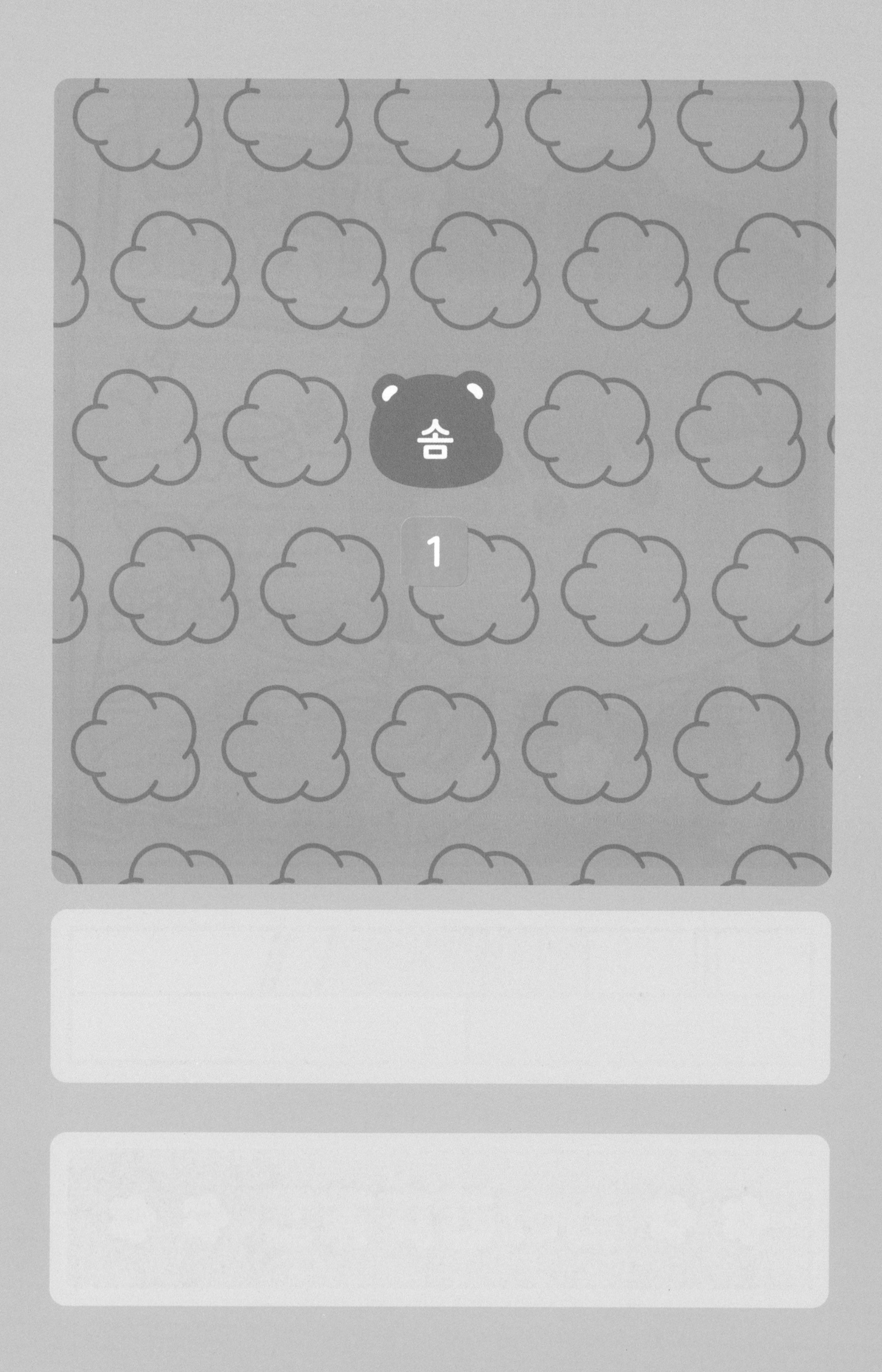

솜
1

2 패션 디자이너 스퀴시북

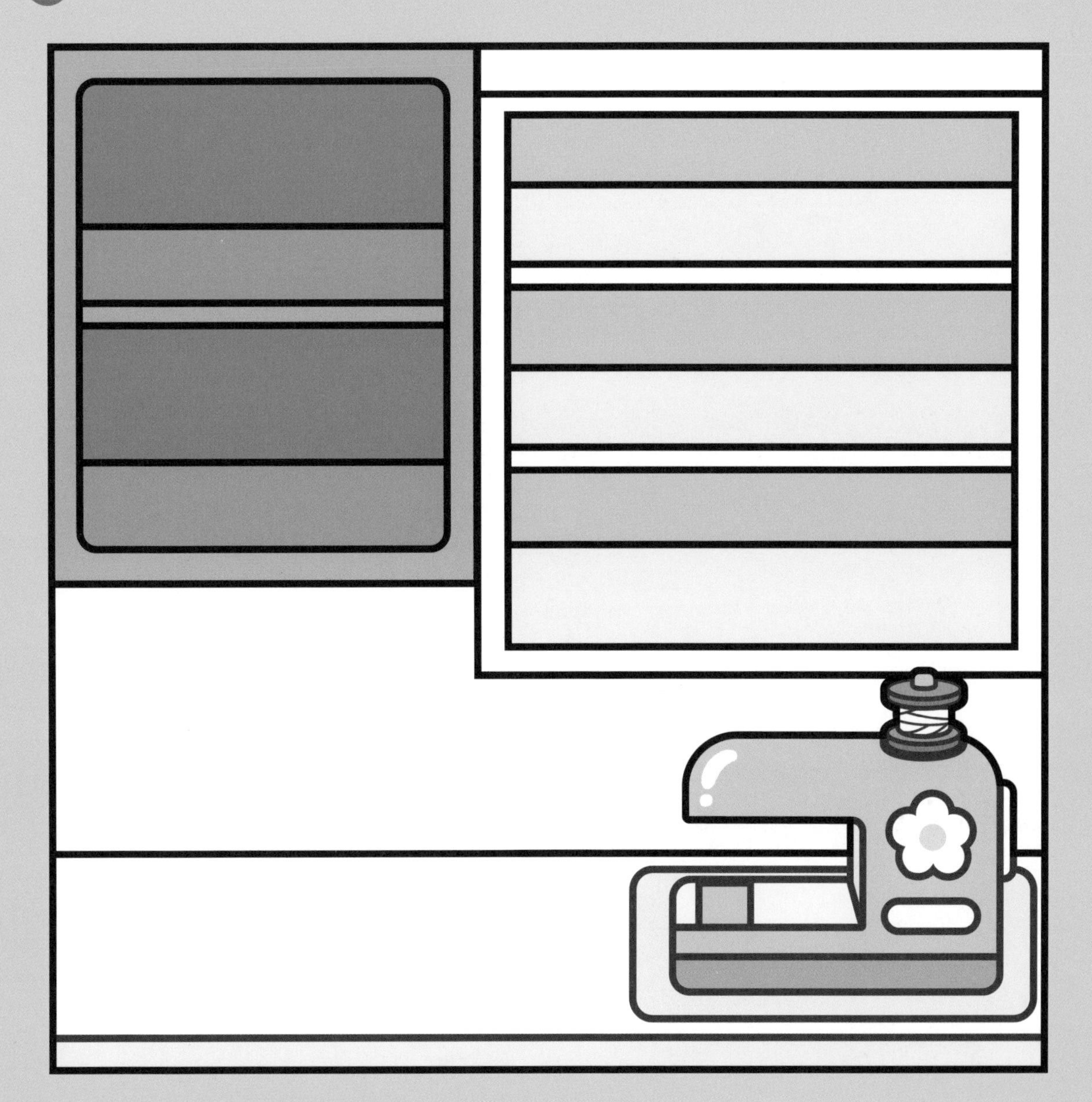

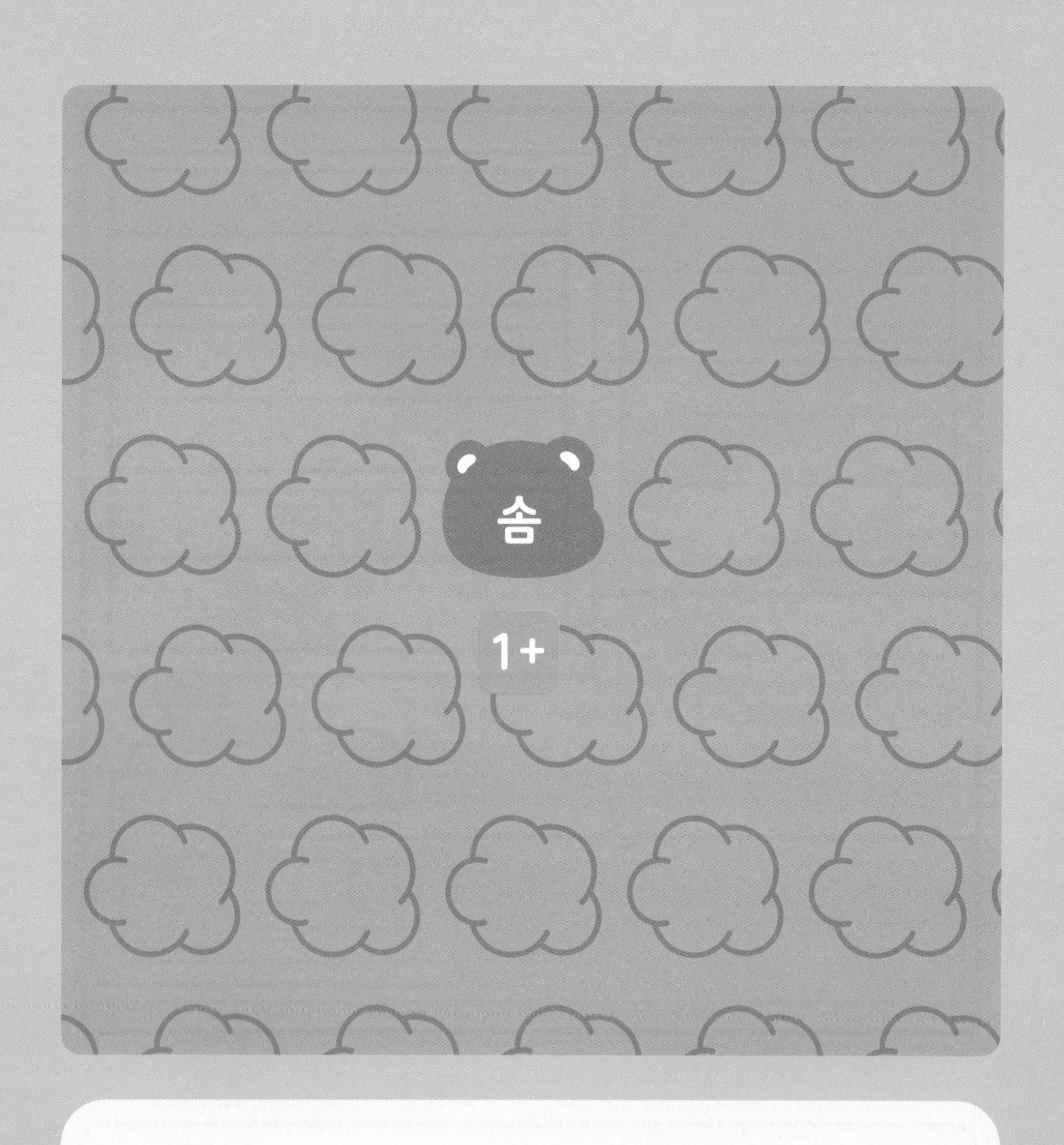
솜
1+

3 패션 디자이너 스퀴시북

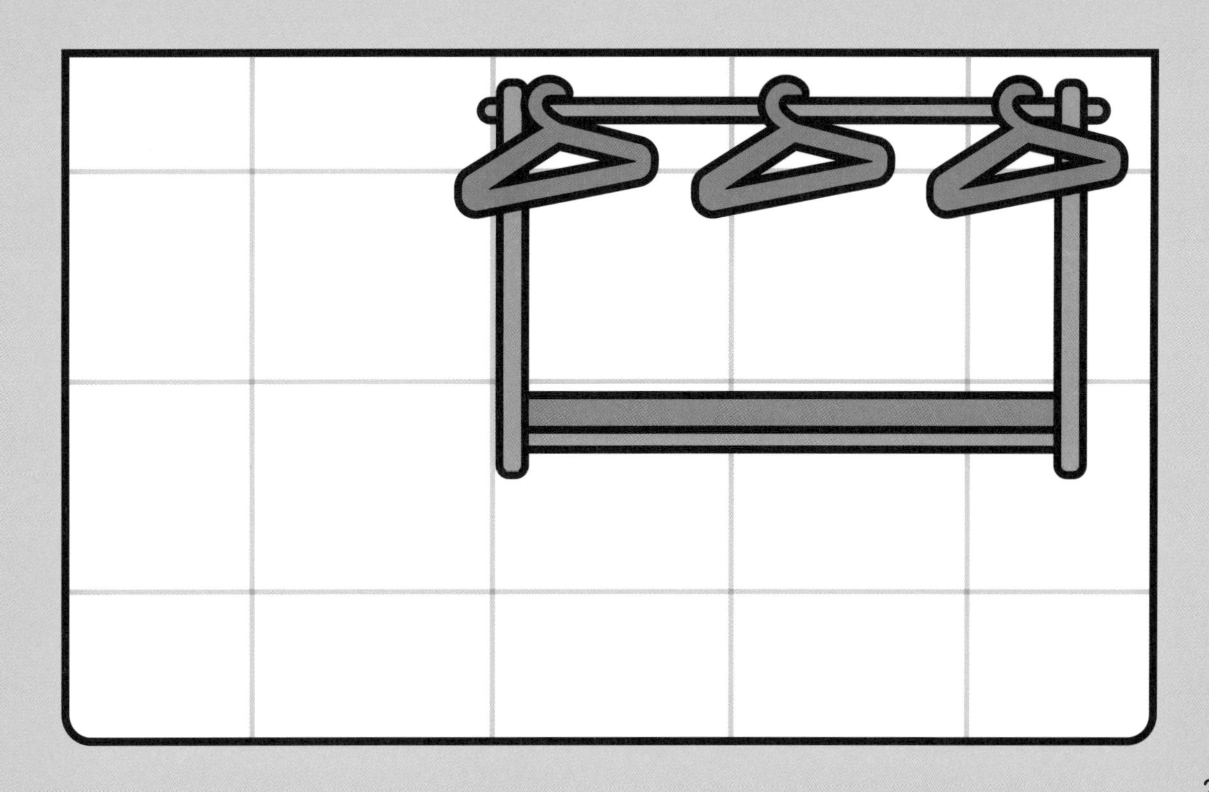

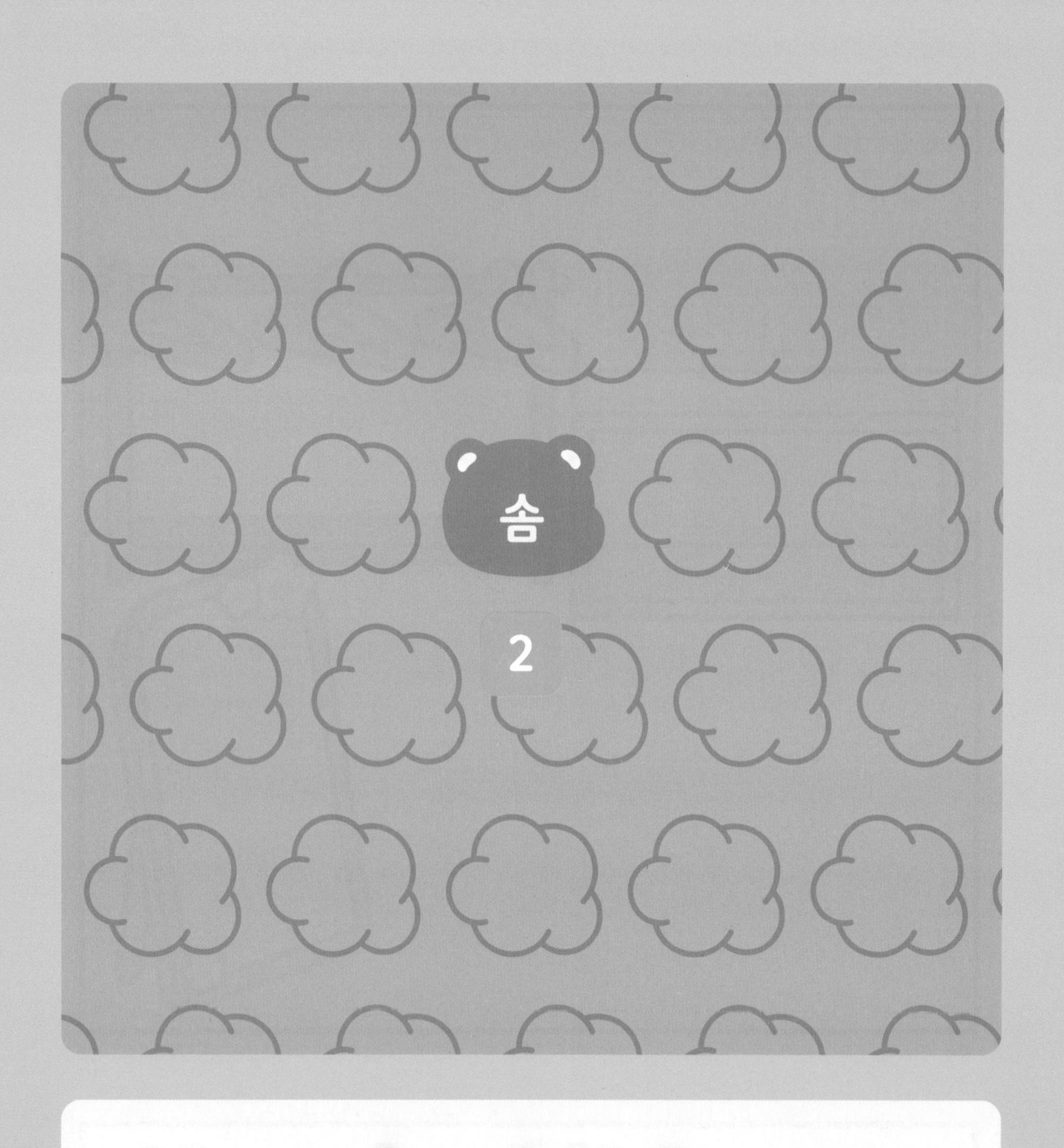
솜
2

4 패션 디자이너 스쿼시북

코팅지 / 앞면 박스테이프 / 뒷면

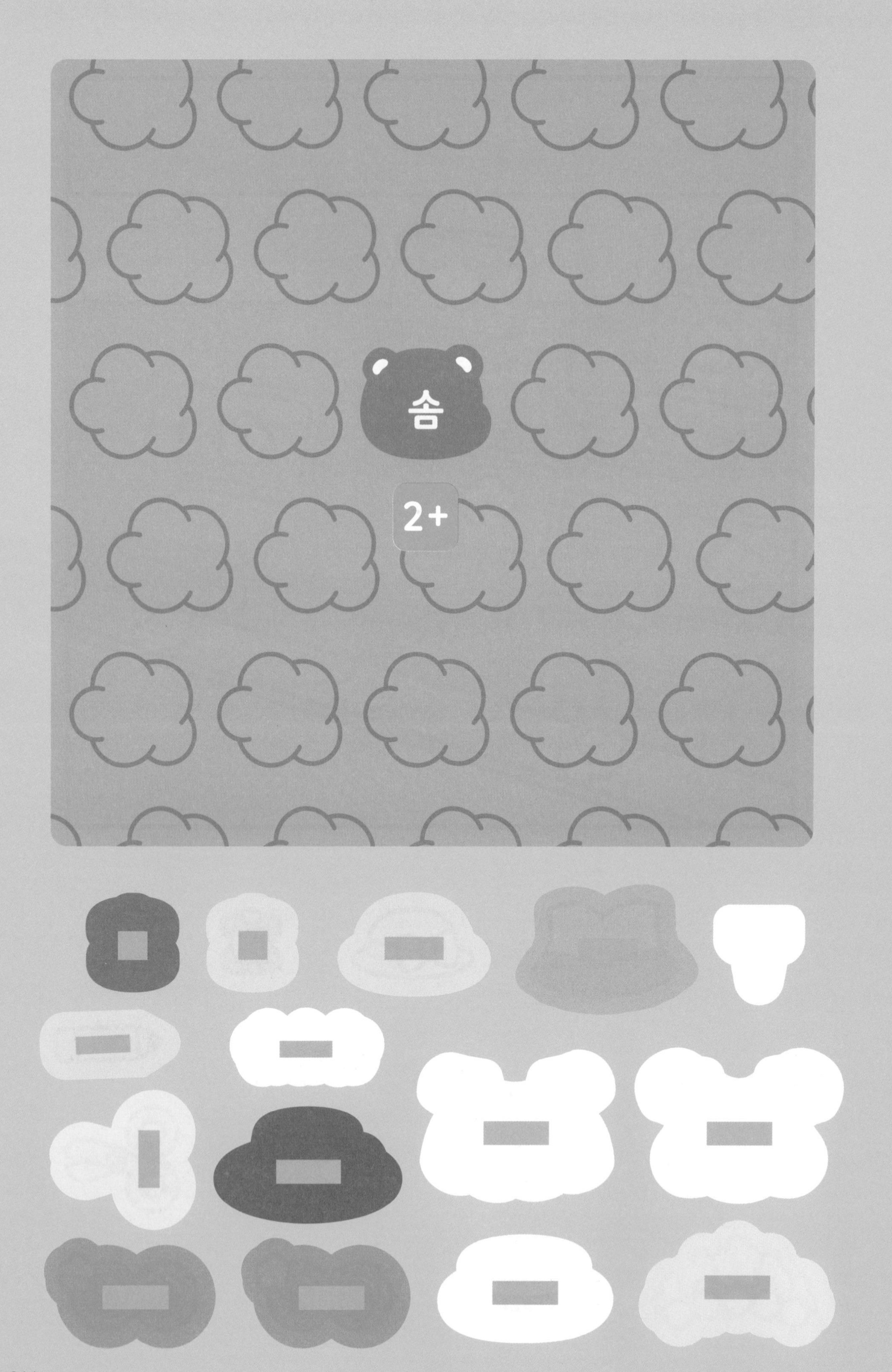
솜
2+

5 패션 디자이너 스퀴시북

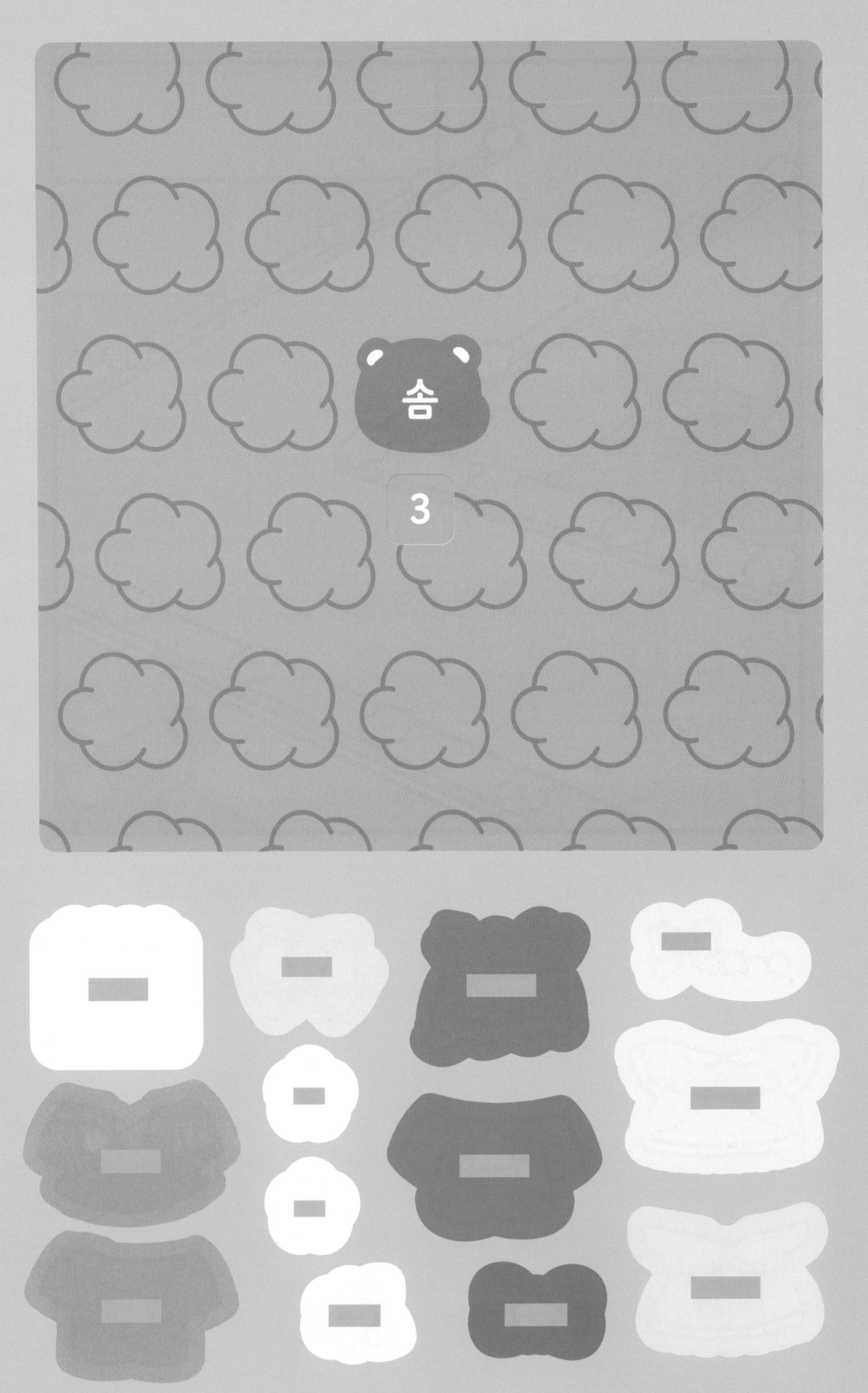
솜
3

6 패션 디자이너 스퀴시북

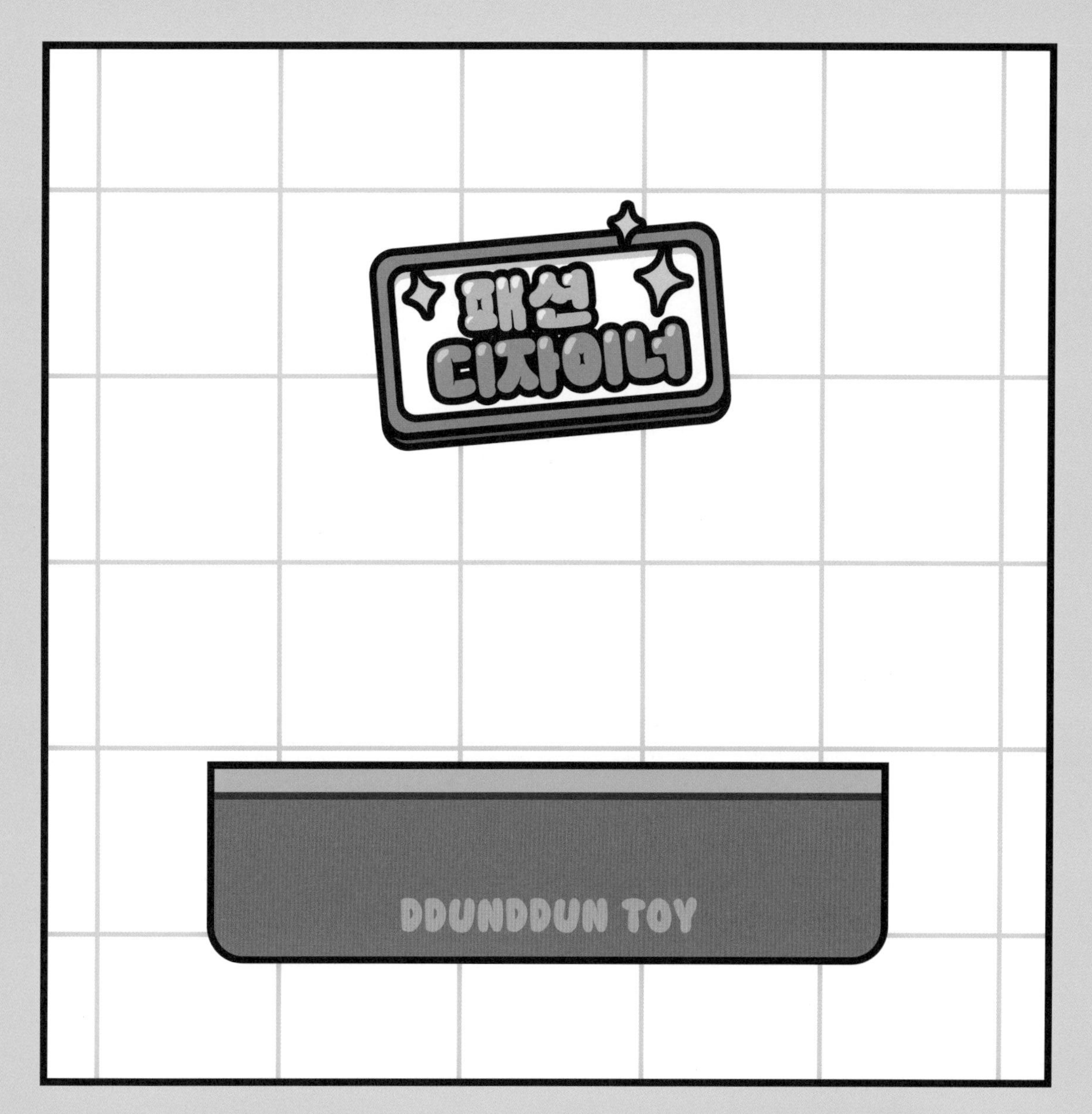

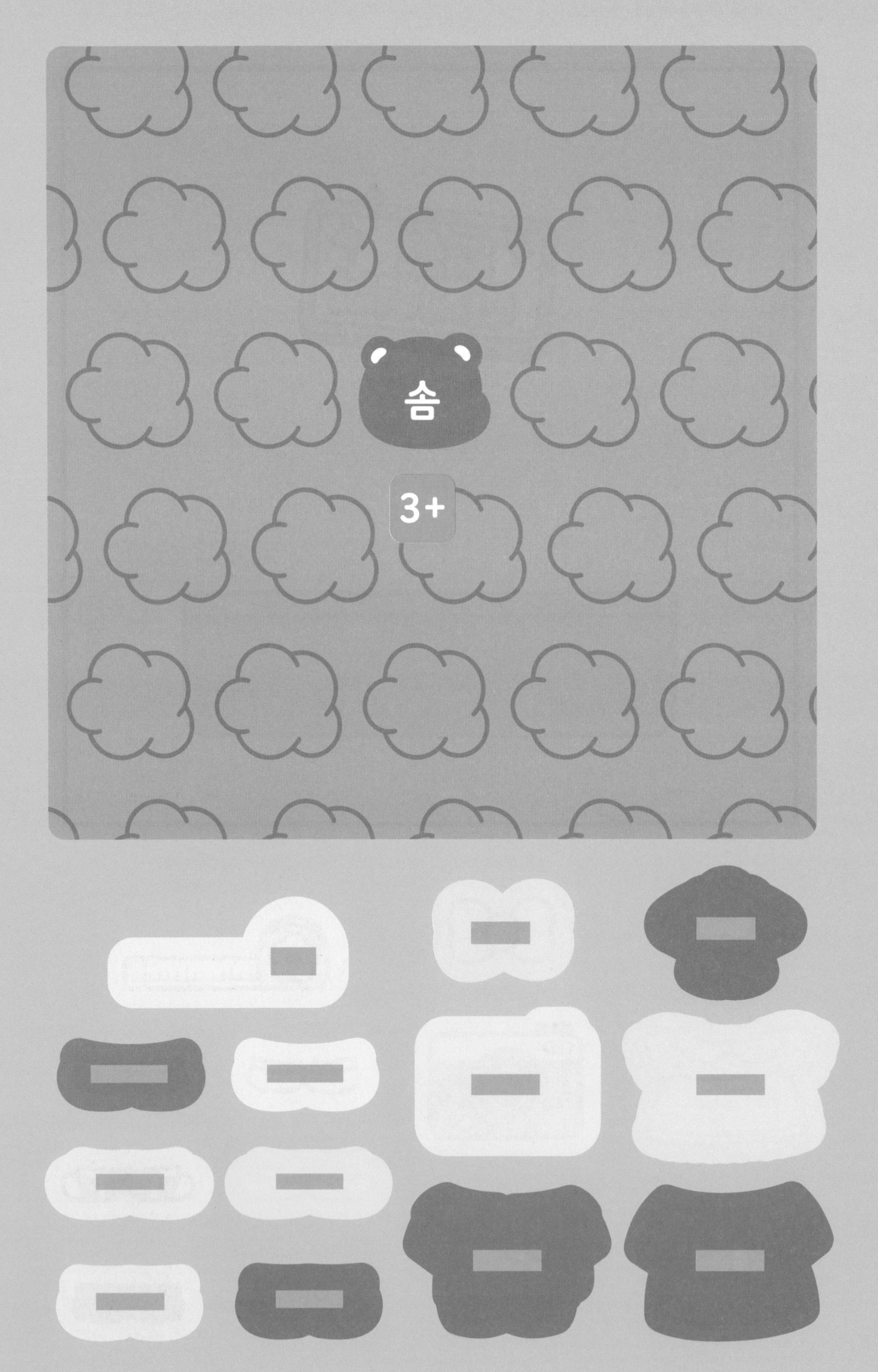
솜
3+

7 패션 디자이너 스퀴시북

8 패션 디자이너 스퀴시북

뚠뚠토이
스티커 모음
YUM!
뚠뚠수
컵라면
컵라면
약
재미있게
꾸며 보자~
LIP STICK